FAO中文出版计划项目丛书

渔业共同管理成效评估指南

联合国粮食及农业组织　编著

邹磊磊　译

中国农业出版社

联合国粮食及农业组织

2025·北京

引用格式要求：

粮农组织。2025。《渔业共同管理成效评估指南》。中国北京，中国农业出版社。https://doi.org/10.4060/cc2228zh

ISBN 978-92-5-136936-4（粮农组织）
ISBN 978-7-109-33122-8（中国农业出版社）

ABSTRACT | 摘 要 |

《渔业共同管理成效评估指南》（以下简称《指南》）提供了用于评估渔业
共同管理系统及其计划成效的流程和方法，以提高渔业管理成效，促进环境、
社会和经济可持续发展，开展善治。《指南》也被用于评估在渔业、社区或部
门层面，或在一个特定地区运作的现有渔业共同管理系统的成效，还提供了对
不同背景和特征的渔业共同管理系统开展灵活评估的方式。

《指南》主要面向两类受众：委托开展评估的人士以及开展评估的人士。
这两类受众可能包括但不仅限于政府、渔民和其他的资源使用者、出资者、非
政府组织、学术机构以及研究中心或研究所。

《指南》建议将渔业共同管理成效分成两个独立但互补的部分进行评估：
评估渔业共同管理系统的实施设计和过程以及评估渔业共同管理计划中所述目
标和目的的实现情况。

开展渔业共同管理成效评估分为三个步骤，即规划、信息汇编和评估。每
个步骤都包含一系列任务和行动。《指南》提供了用于衡量成效的各种建议指
标，指标也反映了渔业共同管理系统中的各种良好实践，同时，提供了渔业共
同管理计划的目标和目的。

《指南》认为，对渔业共同管理成效的评估是一个系统性"边干边学"的
循环过程，应该与日常监测和适应性管理相联系。渔业共同管理者利用评估结
果更好地理解目标、目的和预期影响得以或尚未实现的原因，并调整渔业共同
管理的设计、过程和行动。另外，《指南》也认为，对渔业共同管理成效的评
估还有助于更广泛地增进对渔业共同管理的了解。

致 谢 ACKNOWLEDGEMENTS

《渔业共同管理评估指南》（以下简称《指南》）包括文献综述、联合国粮食及农业组织（FAO，以下简称粮农组织）内外多位专家的建议以及对研究案例的应用分析。《指南》初稿是 2020 年 9 月举行的《渔业共同管理评估指南》线上全球专家研讨会（Virtual Global Expert Workshop on the Fisheries Co‑Management Evaluation Guidebook）的背景文件。研讨会上，专家共同制定了《指南》的最新纲要。2021 年 5 月举行的渔业共同管理评估工具箱线上专家研讨会（Virtual Expert Workshop on the Toolbox for Fisheries Co‑Management Evaluation）介绍了《指南》的完善版本，并就《指南》中采用的最佳实践、指标和方法提出了建议。《指南》推荐的评估过程在案例研究中得到应用和验证。

《指南》能最终编写完成，需感谢多位专家的贡献。同时，也感谢粮农组织渔业和水产养殖部知识管理和交流专家 Turan Rahimzadeh 的贡献。

《指南》能最终编写完成，还需感谢韩国海洋研究院（Korea Maritime Institute）"渔业共同管理能力发展计划"项目（Fisheries Co‑Management Capacity Development Program）（GCP/GLO/046/ROK），以及韩国海洋与渔业部（Ministry of Oceans and Fisheries of the Republic of Korea）"蓝色社区渔业共同管理能力发展：可持续渔业和多样化生计"项目（Fisheries Co‑Management Capacity Development for Blue Communities：Sustainable Fisheries and Diverse Livelihoods）（GCP/GLO/080/ROK）提供的资金支持。

CCRF	《负责任渔业行为守则》
EAF	渔业生态系统方法
IAD	制度分析与发展
ICLARM	国际水生生物资源管理中心
IFM	渔业管理和沿海社区发展研究所
SDG	可持续发展目标
SES	社会-生态系统
SSF Guidelines	粮食安全和消除贫困背景下保障可持续小型渔业自愿准则
TURF	渔业领土使用权
VGGT	国家粮食安全范围内土地、渔业及森林权属负责任治理自愿准则

CONTENTS | 目 录 |

1 导　论

1 《指南》的目的和结构

《渔业共同管理成效评估指南》（以下简称《指南》）提供了用于评估渔业共同管理系统及其计划的成效的流程和方法，以提高渔业管理成效，促进环境、社会和经济的可持续发展以及良好治理。尽管渔业共同管理通常在小规模渔业中被使用，而且已成为小规模渔业治理的良好实践方法，但《指南》适用于所有规模的渔业，从小规模渔业到大型渔业，从沿海、潟湖和近海渔业到内陆、湖泊、河流、水库、洪泛平原、永久性或季节性水体渔业。《指南》也适用于所有形式的渔业，包括商业和休闲渔业，并提出了适用于不同背景和特征的渔业共同管理系统的灵活方法。

《指南》被用于评估在渔业、社区或部门层面或在某一空间界定区域运行的现有渔业共同管理系统的成效。《指南》可提供相关见解，但不被用于评估渔业共同管理的国家法律、政策或体制框架的成效。虽然《指南》可以为评估提供一些指导性建议，但也不是适用于评估整个渔业管理系统，而是侧重于评估渔业共同管理系统。《指南》认为，通过评估渔业共同管理系统本身的设计和运作，以及评估相关渔业共同管理计划的目标和目的的实现情况，可以比较客观地确定渔业共同管理系统的成效和影响。

渔业共同管理成效评估与渔业共同管理系统共同管理者开展的日常监测和评估以及适应性管理（"边干边学"的循环过程）应该相互联系：评估结果可用于改善系统的运作，以更好地实现渔业共同管理系统预期达到的目标和影响。它也是对渔业共同管理计划中可能已经包含的任何监测和评估系统的补充。因此，渔业共同管理成效评估结果可增进对渔业共同管理的了解，提高渔业共同管理的成功率，从而改善整体渔业管理、社会层面的治理以及人类和生态福祉。

《指南》主要面向两类受众：委托开展评估的人士以及开展评估的人士。这两类受众可能包括但不仅限于政府（从国家到地方的不同层级）、渔民和其他的资源使用者、出资者、非政府组织、学术机构以及研究中心或研究所。另外，《指南》还为开展渔业共同管理系统监测和评估的人士提供有用的参考。

1.2 关于《指南》

《指南》主要包括五章：

1 为导论，介绍《指南》的目的和结构（1.1）、与渔业共同管理有关的国际框架（1.3）、为什么要评估渔业共同管理的成效（1.4）以及渔业共同管理成效评估过程概览（1.5）。

2 讨论渔业共同管理的定义（2.1）、渔业共同管理的良好实践（2.2）以及渔业共同管理的通用模式（2.3）。

3 概述适应性分析框架，该框架是评估渔业共同管理系统成效的基础，并讲解该框架的应用方法。附录3详细讨论该框架。

4 介绍渔业共同管理成效评估过程。这是一个分三个步骤进行的过程：规划（4.2.1）、信息汇编（4.2.2）和评估（4.2.3）。用户通过上述三个步骤完成评估过程。

5 介绍评估后的适应性管理，以实现系统性"边干边学"。

附录1讨论评估渔业共同管理系统设计和成效所应依据的标准和良好实践，并建议评估可以采用的指标。

附录2提供可用于评估渔业共同管理计划目标达成度的指标，并简要介绍每个指标以及数据收集、分析、解读方法。

附录3介绍支撑评估过程的适宜的分析框架。

附录4介绍渔业共同管理系统背景相关的属性。

> **➲ 插文 1　补充性说明**
>
> 《指南》由其他三个产品支持[①]：一是案例研究汇编，展示渔业共同管理和《指南》的应用；二是包含方法和策略的工具箱；三是关于《指南》使用的在线学习课程。
>
> 资料来源：作者自拟。

1.3 与渔业共同管理有关的国际框架

可持续的高产渔业可改善粮食安全和营养，增加收入，改善生计，促进经

---

① 准备中。

济增长，但是自上而下的集中管理在许多情况下无法确保渔业可持续发展，需要找到更有效的渔业管理方法来解决过度捕捞问题，因此人们对渔业共同管理的兴趣与日俱增。渔业共同管理建立在决策权力下放和利益相关者广泛参与的基础上，因此有助于取得公平的治理成果。有效的渔业共同管理将有助于实现可持续发展目标（Sustainable Development Goal，SDG），特别是可持续利用海洋目标（可持续发展目标 14），以及与消除贫困（可持续发展目标 1）、粮食安全（可持续发展目标 2）、性别平等（可持续发展目标 5）、体面工作与经济增长（可持续发展目标 8）和可持续发展伙伴关系（可持续发展目标 17）等有关的其他目标。

《2030 年可持续发展议程》（2030 Agenda for Sustainable Development）确定了可持续发展目标，在制定该议程之前，粮农组织成员已根据 1995 年《负责任渔业行为守则》（Code of Conduct for Responsible Fisheries，CCRF）（以下简称《守则》）就可持续渔业框架达成一致意见。虽然是于 1995 年制定，《守则》仍然是渔业治理和管理方面被广泛使用的参考框架，并继续指导粮农组织在渔业和水产养殖方面的管理工作。《守则》也包含了一些与渔业共同管理原则有关的章节，其中，《守则》建议各成员：

在制定与渔业管理、发展、国际贷款和援助有关的法律和政策时，应该促进行业、渔业从业人员、环境和与环境相关的其他组织共同参与协商和决策（FAO，1995）。

各国应该明确在渔业资源使用和管理方面具有合法权益的国内利益相关方，并做好与他们开展协商的安排，以获得他们在实现负责任渔业方面的合作（FAO，1995）。

渔业共同管理（通过利益相关者共同参与）也是渔业生态系统方法（Ecosystem Approach to Fisheries，EAF）的核心原则。渔业共同管理是为实施《守则》而制定的，考虑了渔业生态系统方法的三大基本支柱，即人类福祉、生态福祉和善治。

在 1995 年制定《守则》之后，粮农组织理事机构又批准了两项文书，即 2012 年《国家粮食安全范围内土地、渔业及森林权属负责任治理自愿准则》（Voluntary Guidelines on the Responsible Governance of Tenure of Land，Fisheries and Forests in the Context of National Food Security，VGGT）、2014 年《粮食安全和消除贫困背景下保障可持续小型渔业自愿准则》（Voluntary Guidelines for Securing Sustainable Small - Scale Fisheries in the Context of Food Security and Poverty Eradication，SSF Guidelines），体现了粮农组织成员对渔业共同管理基础的协商和参与原则的重视。这两项文书的指导原则都包括协商与参与，如《国家粮食安全范围内土地、渔业及森林权属负责任治理

自愿准则》指出：

3B. 6. 协商与参与：在作出决策前，与拥有合法权属权利、可能受决策影响的相关者接触并寻求他们的支持，并对他们的意见作出回应；考虑各方之间现有的权利不平衡，确保利益相关者个人和群体积极、自由、有效、有意义且知情地参与相关决策过程（FAO，2012）。

《粮食安全和消除贫困背景下保障可持续小型渔业自愿准则》在小规模渔业权属治理和资源管理方面特别提到了渔业共同管理：

5.15 各国应该虑及小规模渔业社区的合法权属权利，促进、培训和支持他们参与并管理他们赖以生存和传统上用于谋生的渔业资源。各国应该让小规模渔业社区参与影响其生计选择的渔业管理措施（包括保护区管理措施）的设计和规划，并酌情让他们参与措施的实施，也要特别关注女性、弱势群体和边缘化群体的公平参与。并且，各国应该根据国家法律推广渔业共同管理等参与式的管理系统（FAO，2015）。

5.17 各国应该通过法律程序明确相关各方和利益相关者在渔业共同管理安排中的作用和责任。各方都有责任承担法律明确的管理角色，尽一切努力使小规模渔业在相关的地方和国家专业协会和渔业机构中拥有代表，并积极参与相关决策和渔业政策的制定（FAO，2015）。

5.18 国家和小规模渔业各方应该鼓励和支持男性和女性在渔业共同管理和促进负责任渔业方面发挥作用并广泛参与，无论是从事捕捞前、捕捞中还是捕捞后的什么工作，他们都可以贡献其拥有的专业知识、观点和提出需求。各方应该特别关注确保女性公平参与的必要性，应该制定特别措施以实现这一目标（FAO，2015）。

《指南》将促进《国家粮食安全范围内土地、渔业及森林权属负责任治理自愿准则》的实施；在小规模渔业方面，就权属治理和渔业管理，通过提高渔业共同管理的成效，《指南》也将促进《粮食安全和消除贫困背景下保障可持续小型渔业自愿准则》的实施。有效的渔业共同管理系统包括地方相关者的参与和赋权以及管理部门的能力提升，都是负责任权属治理的关键要素。按照《指南》的建议开展渔业共同管理评估，也将有助于提高对渔业共同管理的认识，从而巩固未来的渔业共同管理系统。在小规模渔业背景下，《指南》将促进《粮食安全和消除贫困背景下保障可持续小型渔业自愿准则》的实施，确保包括原住民在内的小规模渔业社区积极、自由、有效、实质性和知情参与与渔业资源利用有关的整个决策过程。这两项准则都提倡以人权为基础的管理方法，包括赋权渔业社区男性和女性，使他们参与决策，并承担可持续利用渔业资源的责任。

1.4　为什么要评估渔业共同管理的成效?

有成效的渔业共同管理需要持续的信息反馈,以实现目标和目的,并通过动用较少的资源(人力、财力和环境)产生积极影响。监测和评估渔业共同管理成效包括一系列行动:审查所采取行动产生的结果,总结经验教训,评估现有渔业共同管理系统和行动的预期结果达成度,并调整渔业共同管理系统以修订或改进实践。开展评估的目的包括评估渔业共同管理计划和战略的成效、诊断实施问题、调整战略以及就适应性管理作出决策,也包括审查是否使用了适当的系统和过程来设定目标和实施管理行动。在评估中,建议对当前管理方式和行动所依据的假设进行测试,以确定哪些方式和行动有效、哪些无效,以及原因何在。通过评估,可以确定是否需要对渔业共同管理系统、方式和行动进行必要的修改,如果需要修改,则确定需要进行哪些修改以及由谁来执行。

对渔业共同管理成效的评估应该与日常监测和适应性管理相联系,这是一个系统性"边干边学"的循环过程。监测是渔业共同管理过程中的一部分,是渔业共同管理者每天都要做的事情。对渔业共同管理成效的评估应该建立在现有日常监测的基础上,并与之相联系,从而定期回顾并反思为了提高渔业共同管理成效而付出的努力是否有效。对渔业共同管理成效的评估还提供了一种从有效和无效努力中获得进步的方式,并让各方了解如何以及为何要调整渔业共同管理实践。对渔业共同管理成效的评估也是为了开展适应性管理。

建议将渔业共同管理成效评估分成两个独立但互补的部分进行:

(1)评估渔业共同管理制度的实施设计和实施过程,即与现有的良好实践相比,渔业共同管理制度的发展以及运作情况。

(2)评估渔业共同管理计划中规定的目标和目的的实现情况,并根据一组以指标表示的标准和规范对成效和效果进行评估。

通常认为,对渔业共同管理成效的评估是困难的、技术性要求高的、昂贵的,虽然面临很多挑战,但《指南》介绍的评估可以在任何渔业共同管理系统能提供的有限资源范围内灵活开展。而且,上述两个部分不一定都要开展。第1部分被用于评估渔业共同管理系统,第2部分被用于评估渔业共同管理计划。然而,我们当然建议两部分都开展,因为它们所获得的信息互为补充,可以帮助我们更深入地了解渔业共同管理的成效。有一点需要说明一下,下面介绍的任务并不需要一一执行,介绍的指标也并不需要一一衡量:对渔业共同管理成效的评估可以很简单,仅衡量几个关键因素和指标。然而,要了解哪些是需要保留的关键指标,就需要了解整个评估方法和过程;另外,有了经验和资源后,可以在日后的评估中衡量更多的指标。

1.5　渔业共同管理成效评估过程概览

对渔业共同管理成效的评估可以由渔业共同管理系统内部的共同管理者发起，也可以由渔业共同管理系统外部的不同利益相关者发起，比如资源使用者或社区、出资者或政府渔业管理机构。但是，无论是哪种情况，启动渔业共同管理成效评估的目的都是一样的，即评估渔业共同管理系统实现其目标和目的的情况。

我们建议成立一个评估小组，小组由有兴趣和有技能的人员组成，根据现有的资源（资金、时间、人员、知识和经验）开展所需规模的评估。评估应该是参与性的，让资源使用者和主要利益相关者参与渔业共同管理系统设计、数据收集和分析。至少，代表资源使用者、渔业社区和其他相关参与者的渔业共同管理者，以及开展渔业共同管理的政府部门应该参与评估；同样重要的是，确保有足够的男性、女性、青年、原住民代表参与评估。

渔业共同管理成效评估过程可以分为三个步骤：

步骤1：规划，准备开展评估所需执行的任务。

步骤2：信息汇编，描述背景以及渔业共同管理系统设计和流程。

步骤3：评估，实施评估和分析数据，验证和交流结果。

评估结束后，渔业共同管理者将利用评估结果更好地理解为什么渔业共同管理的目标和目的以及预期影响得以实现或尚未实现，并能更好地调整渔业共同管理系统的设计、过程和行动。另外，评估还将更广泛地增进大家对渔业共同管理的了解。

对渔业共同管理成效开展评估的频率取决于是否已经有足够长的时间观察到实施管理行动后所发生的可衡量的变化，通常来说，因管理行动而发生的可衡量的变化可能需要一段时间，甚至数年后才能显现和被观察到。因此，建议每3~5年开展一次渔业共同管理成效评估，或者在渔业共同管理计划需要修订时开展评估，从而为渔业共同管理系统的设计、过程的调整以及渔业共同管理计划的实施留出足够时间。

2 什么是渔业共同管理？

2.1 渔业共同管理的定义

渔业共同管理现已成为一种被广为接受的渔业治理方法。由于渔业共同管理概念广泛，因此没有一个统一的定义。《指南》将采用以下定义[①]：

渔业共同管理是一种伙伴关系，在这种关系中，当地资源使用者（渔民）社区和政府在其他利益相关者（船主、渔产品贸易商、渔产品加工商、造船厂、商人等）和外部机构（非政府组织、学术和研究机构）的支持和协助下，共同承担渔业管理的责任和权利（Berkes 等，2001）。

渔业共同管理是渔业治理的一个过程，会随着时间的推移不断成熟、调整，并适应不断变化的条件。渔业共同管理是一种机制，可以促进权利共享、机构建设、增强信任、增加社会资本、解决问题、知识共享、全民学习、提供合作机会和鼓励集体行动。许多人认为渔业共同管理是提高资源管理合法性和有效性的过程。

渔业共同管理是渔业可持续发展和渔业生态系统方法的核心原则，考虑了渔业生态系统方法的三大基本支柱，即人类福祉、生态福祉和善治。

因此，渔业共同管理在概念上不同于渔业管理：虽然两者相辅相成、相互联系，但目标不同。渔业共同管理的本质是"治理"，其重点则是前缀"共同"，即个人和机构通过互动就渔业管理作出集体决策的过程。根据粮农组织的定义，渔业管理是信息收集和分析、规划、协商、决策、资源分配以及制定和实施（必要时强制执行）渔业法规或规则的过程，确保渔业资源的持续生产力和其他渔业目标的实现（FAO，1997）。

《指南》介绍对现有渔业共同管理系统及其计划成效的评估，而不是介绍渔业管理系统及其计划。渔业管理计划可能包括很多操作细节，如允许捕捞天

[①] 这一定义也被列在了粮农组织术语门户网站的渔业术语表中，网址为 https：www.fao.org/faoterm/zh/。

7

数、网目尺寸等，这些细节可能是通过渔业共同管理而制定的。但渔业管理计划不同于渔业共同管理计划，后者是以治理为导向的计划，涉及渔业中应该开展的参与和介入等行动，例如针对每年召开多少次渔业共同管理者会议都有相应的规定。同样，渔业管理计划的目标可能是健康的鱼类种群，而渔业共同管理的目标可能是使利益相关者满意的参与度。鉴于很多文献论述渔业管理系统评估，《指南》将重点介绍渔业共同管理系统评估。

渔业共同管理系统是一种治理安排，通过这种安排个人和机构进行互动，就渔业事务管理作出集体决策，即具体决定由谁参与每一项渔业管理决策、用何种机构安排，以及如何为渔业决策建立协作伙伴关系。渔业共同管理过程是规划和实施渔业共同管理系统的一系列行动，例如组织社区共同参与和设定管理目标等。

渔业共同管理至少基于两个治理主体：资源使用者（单个资源使用者、资源使用者群体或者渔业社区）和政府。政府为渔业共同管理提供制定和执行法律的权利与权力，并为渔业共同管理的运作提供条件。资源使用者通过成立渔业共同管理组织和安排来落实这些权利和权力。

渔业共同管理安排呈现多样性，可以涵盖各种伙伴关系，也可以涵盖地方（非正式、传统和习惯性）与中央政府渔业管理系统之间不同程度的权力共享和整合。根据资源使用者（渔业社区）和政府所扮演的角色，可将渔业共同管理分为以下几大类型（Sen 和 Nielsen，1996）（图 2-1）：

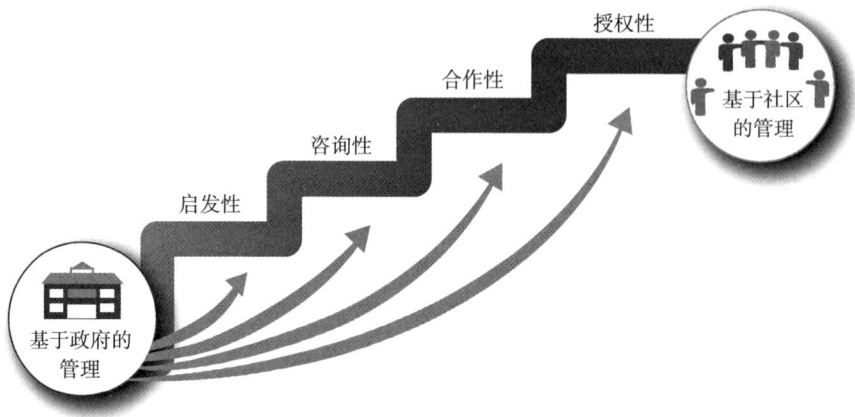

图 2-1　渔业共同管理的类型

资料来源：Sen，S. 和 Nielsen，J.R.，1996。渔业共同管理：对比分析。海洋政策，20（5）：405-418。

- 启发性：存在与资源使用者（渔业社区）开展对话的机制，但对话本身往往是政府向资源使用者（渔业社区）通报决策的路径。
- 咨询性：存在政府对资源使用者（渔业社区）进行咨询的制度，但所有决策均由政府作出。

- 合作性：政府和资源使用者（渔业社区）作为平等伙伴共同参与决策。
- 授权性：将管理权下放给资源使用者（渔业社区），并由他们向政府通报所作的决策。

渔业共同管理可针对特定渔业或资源使用者群体（比如根据渔具类型、捕捞目标物种等分类）或渔业社区[①]实施，不管这些渔业、资源使用者群体、渔业社区是否真的存在。

渔业共同管理的潜在优势包括：

- 一个更加透明、负责和自主的管理系统。
- 更民主、参与性更强的制度。
- 对水生和沿海资源的管理得以改进。
- 针对当地问题和机遇的本地化解决方案。
- 对管理计划和法规的可接受性、合法性和合规性得以提高。
- 所有合作伙伴之间的协调和沟通得以改善。

渔业共同管理的潜在缺点包括：

- 可能并不适合每个渔业社区，因为许多渔业社区可能不愿意或没有能力承担渔业共同管理的责任。
- 渔业社区内可能没有领导力和适当的地方机构（如渔民组织）来启动或维持渔业共同管理的工作。
- 短期来看，建立渔业共同管理需要投入大量的时间、资金和人力资源。
- 许多个人和渔业社区可能不具备参与渔业共同管理的经济、社会和政治动机。
- 对某些渔业社区和渔民来说，改变渔业管理战略的风险可能过高。
- 个人参与渔业共同管理战略的成本（时间和资金）可能超过预期收益。
- 可能没有足够的政治意愿来支持渔业共同管理。
- 可能不是适合所有类型的渔业，如与洄游鱼类种群相关的跨界渔业。
- 政府可能会将渔业共同管理安排视为降低成本的一种手段，将责任（例如数据收集或执法等责任）下放给其他利益相关者。

2.2　渔业共同管理的良好实践

渔业共同管理没有统一的模式和程序。参照 2.1 的讨论，渔业共同管理有

---

① 渔业社区是指主要依赖或主要从事渔业捕捞或渔产品加工以满足社会和经济需求的社区，该社区有渔船船主、经营者、船员和渔产品加工者（OECD，2007）。

多种类型。然而，全球经验和对全球经验的反思结果表明，一个运作良好的渔业共同管理系统通常注重广泛合作和管理权限下放①。这些良好实践可被视为成功开展渔业共同管理的基础，它们可以提高管理成效、促进渔业可持续发展和善治。这些良好实践可归因于有利的外部环境、渔业共同管理系统的内在属性和渔业共同管理参与者个体（图2-2）。另外，这些良好实践还与上文提到的《国家粮食安全范围内土地、渔业及森林权属负责任治理自愿准则》和《粮食安全和消除贫困背景下确保可持续小规模渔业自愿准则》的基本原则以及一般善治原则密切相关。将被最广泛认可的渔业共同管理成功因素和良好实践按类型汇总如图2-3所示。

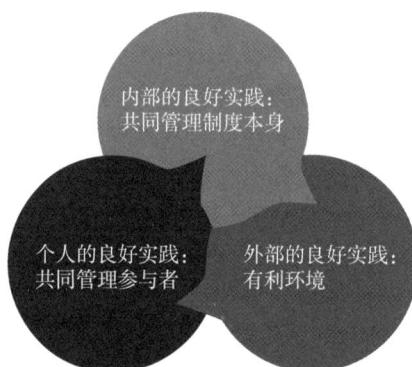

图2-2　渔业共同管理不同维度的良好实践

资料来源：作者自拟。

2.2.1　外部有利环境（来自渔业共同管理系统外的成功因素和良好实践）

- 有利于渔业共同管理的政策和立法，建立了有利于开展渔业共同管理的立法、政策和权力结构。
- 渔业共同管理的渔业资源的使用权：授予共同管理单位正式和公认的渔业资源使用权，并建立相关机制（经济、行政和综合性）和制度，明确渔业共同管理参与者之间使用权的分配。
- 政府在组织和制定管理规则方面有权威权力，资源使用者拥有组织和制定规则的合法权利。
- 政府和政治（经济）精英的支持，与资源使用者积极合作并分享权利。

---

① Pomeroy et al.，1997；Pomeroy，Katon and Harkes，2001；Pomeroy，Cinner and Nielsen，2011；Evans，Cherrett and Pemsl，2011；Gutiérrez，Hilborn and Defeo，2011；d'Armengol et al.，2018.

图 2-3 渔业共同管理的成功因素和良好实践类型
资料来源：作者自拟。

2.2.2 渔业共同管理系统的内在属性（来自渔业共同管理系统内的成功因素和良好实践）

（1）问责制和透明度

- 明确规定成员资格和权利：明确规定个体渔民、家庭或公司有权利在划定的捕捞区开展捕捞作业，有权利参与管理，有权利成为组织成员。
- 冲突管理机制：存在解决冲突的机制。
- 问责制：以公平、公开和透明的方式进行渔业共同管理。
- 领导者：一个具有产业管理技能、积极性高、合法并受人尊敬的地方领导者。

（2）可行性和表现

- 适当的规模：规模可以各异，但应该与该地区的生态、人口和管理水平相适应。
- 确定渔业共同管理系统的边界。
- 定期互动：渔业共同管理伙伴定期举行积极的参与式会议，从而搭建讨论、分享权利和建立信任的平台。
- 充足的财政资源（预算）：存在财政可持续发展机制。

11

- 渔业共同管理计划：资源使用者群体（渔业共同管理参与者）参与机制的制定并协商通过的共同管理计划。
- 从一系列明确界定的问题出发，制定清晰的目标和目的：目标和目的要清晰简明，以引导渔业共同管理的方向。
- 渔业资源知识：利益相关者对渔业资源了解充分，传统知识也得到认可。
- 监测和评估系统：包含参与性、指标、目标和基线。
- 适应性管理：注重在实践中系统学习。
- 互利联盟和网络：各种资源使用者群体和利益相关者之间的交流和联系。

（3）参与和公平
- 受影响者的参与：受渔业共同管理安排影响的大多数人可以参与决策，并可以修订安排。
- 群体（社会）性的一致性：资源使用者之间在亲属关系、规范、信任、渔具类型等方面具有相似特征。
- 赋权、建设和社会准备：开展旨在为资源使用者个体及群体赋权、提高其技能的行动，以使其有能力积极参与渔业共同管理。
- 协调：政府与资源使用者之间开展合作的平台（会议或集会）。
- 社区组织：存在合法的（当地人承认的）社区或民众组织，在决策中代表资源使用者和其他利益相关者。
- 公平：各种资源使用者之间以及不同使用者群体之间机会均等，可以公平地开发渔业资源。
- 包容性：承认不同的资源使用者和社区成员，包括青年、女性、原住民和其他与渔业未来发展有利害关系的人士，并让他们参与渔业共同管理。

（4）法治
- 一致性：制度的规模和范围适合当地条件。
- 执行的管理制度：在由当地使用者设计、执行和监督的强制规则下实施的自我执行惩罚制度。
- 分级制裁：制裁随着违法次数或严重程度的增加而增加。

2.2.3　个人的良好实践（来自个人和家庭的成功因素和良好实践，图 2-2、图 2-3）

个人激励制度：促使个人参与渔业共同管理的经济、社会和政治激励制度。

2.3　渔业共同管理的通用模式

渔业共同管理没有统一的模式或程序，而每个实施渔业共同管理的地方都有其独特的背景和特点，因此很难使用渔业共同管理的"通用"模式。然而，经验表明，渔业共同管理的设计、发展和实施通常分阶段进行，并且涉及很多行动。这里介绍的是"通用"过程，而不是"特定"过程，我们必须明确以下观点：渔业共同管理没有"特定"过程，因为实施渔业共同管理的情况可能各异。在规划和实施渔业共同管理计划时可以采用一系列行动和方式。实施渔业共同管理的通用模式或过程可分为三个阶段：①实施前；②实施中；③实施后，即渔业共同管理系统的后续发展期。在这三个阶段的每个阶段都可以开展一些行动。例如：在实施前，通常会召开社区会议；在实施中，通常会进行能力建设并在渔业共同管理者之间达成协议；在实施后，通常会开展评估。

图2-4列出了在实施渔业共同管理系统通用模式或过程三个阶段中的每个阶段可以开展的理想行动类型（认识到这些行动可能以不同顺序进行，而且根据不同的渔业和社区情况可能还有其他行动）。

1 实施前

- 认识问题并就所采取行动达成共识
- 在内部或外部组织发起行动
- 资源使用者（利益相关者）召开会议并共享信息
- 评估渔业共同管理的需求、可行性和适宜性
- 请求政府、非政府组织、学术机构、研究机构、出资者提供援助
- 制定初步的行动计划和战略
- 确定资金和其他资源
- 制定渔业共同管理的法律框架
- 获得资源使用者、利益相关者和政府的批准
- 在政府、资源使用者和其他利益相关者之间建立联系

2 实施中

- 在资源使用者和利益相关者中确定、建立和发展核心小组和领导者
- 资源使用者和利益相关者召开会议并沟通交流
- 确定渔业共同管理的边界（管理）单位
- 确定和分析利益相关者，包括资源使用者和利益相关者组织
- 确定问题、需求和机遇
- 开展区域概况（研究）和参与性研究（基线数据）
- 通过教育、能力建设和社会沟通提高资源使用者群体（渔业社区）的能力
- 制定和建立冲突管理机制
- 发展和建立共同管理行政机构（组织）（执行和监督共同管理计划）
- 签署共同管理伙伴关系协定
- 制定渔业共同管理计划：目标、目的、活动、监测和评估计划
- 可持续的融资战略
- 渔业共同管理计划的实施
- 实施和履约
- 监测和评估
- 适应性管理
- 建立社交网络和宣传

13

3
实施后

渔业共同管理系统的可持续性：
- 扩大行动范围和边界（管理单位）
- 根据计划扩大行动范围
- 评估和适应性管理
- 建立社交网络和联盟

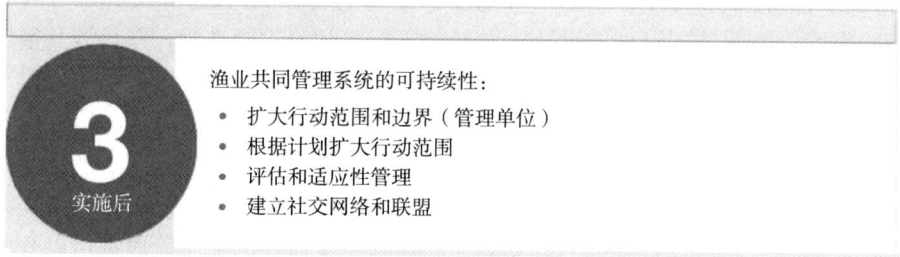

图 2-4　渔业共同管理实施过程中的理想行动
资料来源：作者自拟。

3　适应性分析框架

　　制定分析框架有助于开展分析，例如分析评估渔业共同管理系统的成效，分析框架提供了一个通用的分析结构，可以帮助我们系统地分析数据，并进行归纳和比较。因此，分析框架有助于提供通用的潜在相关变量（属性）和指标及其子项，用于确定数据收集的方式以及分析渔业共同管理系统的评估结果。

　　在渔业共同管理成效评估中，有两个相互关联的分析框架非常有用，它们是制度分析与发展（Institutional Analysis and Development，IAD）框架和社会-生态系统（Social-Ecological Systems，SES）框架。制度分析与发展框架由印第安纳大学（Indiana University）文森特和埃莉诺·奥斯特罗姆政治理论与政策分析研讨会（Vincent and Elinor Ostrom Workshop in Political Theory and Policy Analysis）于 20 世纪 80 年代初提出（Ostrom，1990；McGinnis，2000，2011；Ostrom，2005，2011；Poteete，Janssen 和 Ostrom，2010）。社会-生态系统框架建立在制度分析与发展框架基础之上，二者关系密切。奥斯特罗姆（Ostrom，2009）提出的社会-生态系统分析框架包括四个核心系统以及核心系统内的大量变量。奥斯特罗姆框架（McGinnis 和 Ostrom，2014；Ostrom，2009，2007）提供了一组连贯、健全的变量，用于分析资源系统的属性（资源、资源使用者和治理系统）之间的相互作用以及产生的结果（d'Armenegol 等，2018）。附录 3 将对这些框架进行更详细的解释。

　　为了使《指南》建议的渔业共同管理评估更容易被接受，我们制定了奥斯特罗姆框架的简化版本。在实施该框架时，会开展以下行动：①收集背景信息和渔业共同管理过程的信息（图 3-1）；②衡量指标；③分析和理解渔业共同管理系统要素（背景、过程、系统功能和评估结果）之间的联系和关系。渔业共同管理系统的每个要素都与管理结果有因果关系，只是有的因果关系强、有的因果关系弱。我们可以根据渔业共同管理的实际情况对这些要素之间的不同组合进行研究。研究的重点不是为了证明"因果"关系，而是聚焦于渔业共同管理系统中所有要素的"解释力"。4.2.3 将介绍数据评估的方法和过程，也会介绍将该框架应用于渔业共同管理系统评估的实例。

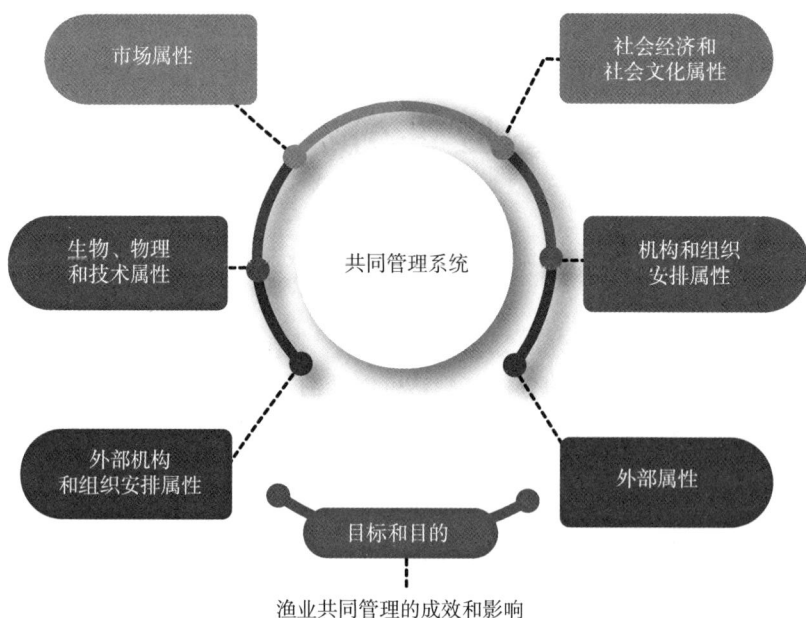

图 3-1 渔业共同管理评估过程的两个部分

资料来源：Ostrom，E.，2009。用于分析社会-生态系统可持续发展的通用框架。科学，325（5939）：419-422。

4 渔业共同管理成效评估过程

4.1 导言

本部分将概述渔业共同管理成效评估过程。渔业共同管理成效评估过程分为三个步骤：①规划；②信息汇编；③评估。

将评估分成两个独立但互补的部分进行（图4-1）：

第一部分：评估渔业共同管理的设计和实施过程，重点评估政府和社区层面就渔业共同管理系统所执行的管理标准，即渔业共同管理制度的发展情况，并对照渔业共同管理的良好实践评估渔业共同管理的运作情况。

第二部分：评估社区层面渔业共同管理计划中所述目标的实现情况，并且依据指标标准和规范对产出和成果开展评估。

图4-1 渔业共同管理评估过程的两个部分

资料来源：作者自拟。

如上所述，评估的两个部分不一定都需要进行（图4-2）。第一部分评估渔业共同管理系统，第二部分评估渔业共同管理计划。但是建议两个部分都进行，因为它们的信息互补，有助于更深入地了解渔业共同管理系统的成效。

要进行渔业共同管理成效评估，建议拟评估的渔业共同管理系统应该满足以下最低要求：

• 该渔业共同管理系统已至少运作两年。

• 有书面的渔业共同管理计划，且制定了明确的目标和目的。

如果渔业共同管理系统不符合这些最低要求，但只要有被完全认同的目标和目的，即使未在书面的渔业共同管理计划中明确指出，也可以进行评估。另外，对渔业共同管理系统良好实践的评估也可进行。但是，如果没有目标和目的，则应该在评估前，根据已制度化的价值取向和实践行为，与渔业共同管理利益相关者一起制定目标和目的，因为目标和目的是评估过程的核心。

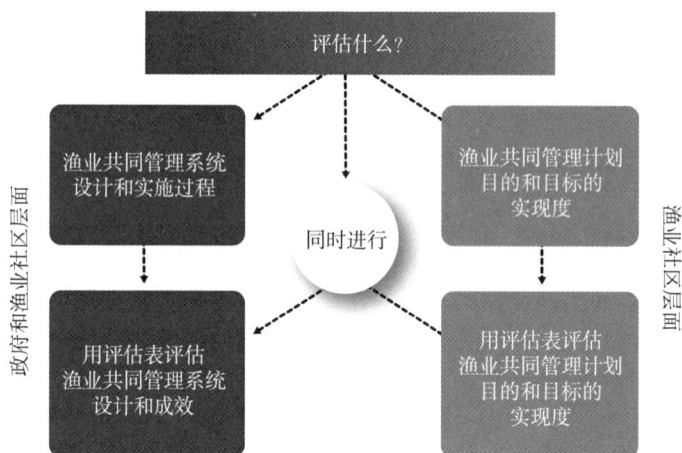

图 4-2　评估什么？
资料来源：作者自拟。

4.2　评估过程

渔业共同管理成效评估过程分为三个步骤（图 4-3）：

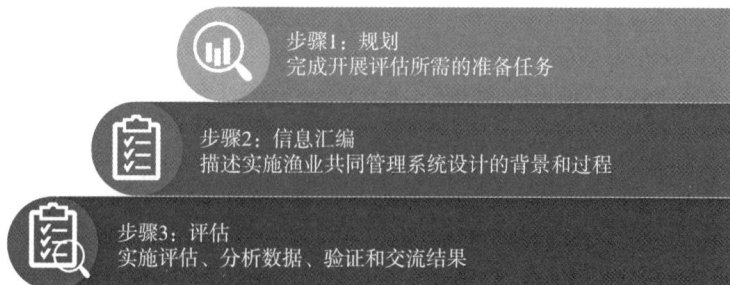

图 4-3　评估过程
资料来源：作者自拟。

每个步骤都有详细描述，每个步骤所需完成的一系列任务和行动也都有介绍和讨论。

> **⟶ 插文2 简化渔业共同管理评估的关键步骤和任务**
>
> 下文所述的步骤、任务和活动可能看起来很复杂，因此将进行详细介绍，以便《指南》使用者了解如何规划和开展渔业共同管理评估。然而，评估的核心是五项任务，它们是开展渔业共同管理成效评估的核心，将这些任务详述如下：
>
> （1）确定：①主要标准（与2.2介绍的成功因素和良好实践有关），作为渔业共同管理系统评估的基础；②渔业共同管理计划及其目标和目的（任务1.8）。
>
> （2）选择指标（任务1.10）。
>
> （3）收集数据（任务3.2）。
>
> （4）衡量指标并分析结果（任务3.4）。
>
> （5）通报结果（任务3.6）。
>
> 虽然这五项核心任务是开展评估的核心。但强烈建议《指南》使用者审查所有步骤、任务和行动，以便充分了解如何规划、开展评估和使用渔业共同管理成效评估的结果。
>
> 资料来源：作者自拟。

4.2.1 步骤1：规划

规划评估所需的各项准备任务。规划时应该简明扼要地回答以下9个问题：

- 开展评估需要哪些资源（人力和财力）？
- 开展评估的时间表是什么？
- 为什么要进行评估？如何使用评估结果？评估的范围和规模如何？
- 谁应该参加评估小组？
- 开展评估需要哪些正式的批准程序和安排？
- 谁是参与评估的主要利益相关者？
- 如何确保各方适当地参与？
- 要评估的参数是什么？
- 评估结果的受众是谁？如何通报评估结果？

为了回答这些问题，建议执行以下11项任务（图4-4）。

步骤1

任务1.1　为评估制定工作计划、时间表和预算

任务1.2　明确评估目的、范围和规模

任务1.3　建立评估小组

任务1.4　获得批准

任务1.5　利益相关者分析

任务1.6　利益相关者参与计划

任务1.7　确定评估结果的受众并制定通报计划

任务1.8　确定渔业共同管理系统的主要标准

任务1.9　确定渔业共同管理计划

任务1.10　选择指标

任务1.11　评估开展评估所需的方法和资源

图 4-4　评估过程步骤 1 的任务
资料来源：作者自拟。

任务 1.1　为评估制定工作计划、时间表和预算

应该为渔业共同管理成效评估编制一份附有时间表和预算的工作计划，确定具体行动以及开始和完成这些行动的时间节点。或者根据可用于开展评估的时间和预算安排具体行动。时间表还可以协助确定评估过程中要完成的目标。

每项行动所需的时间和成本取决于所选指标的数量、渔业共同管理区域的范围、渔业系统的复杂程度以及方法的选择。在考虑指标的同时应该考虑成本。考虑哪些指标可以用类似的方法进行评估，例如一项调查可评估多少个指标。此外，还要考虑哪些方法已被纳入渔业共同管理系统的现有监测计划。考虑需要收集的数据量，当然数据量取决于内部和外部受众的需求以及所收集数据的类型。确定何时需要收集数据，需考虑季节性和频率等因素。

估算评估所需的预算。例如：

• 评估小组的时间成本是多少？

• 评估员和培训费用是多少？

• 收集每项指标数据的成本是多少？

• 设备和其他资本成本是多少？

评估可用的人力资源、设备和预算；如果不足，则制定计划以确保获得充足的资金，必要时需确保获得额外资源。

将所有内容整合到评估工作计划中。工作计划概述了评估方法和评估期间要开展的一系列行动、行动的顺序以及团队成员就每项行动需承担的责任或任务。工作计划应该尽可能准确地说明将开展哪些行动、由谁开展、时间如何安排和预算多少。评估工作计划应该说明将利用哪些数据、由谁进行哪些分析。评估工作计划需分发给评估小组。

任务 1.2　明确评估目的、范围和规模

《指南》开展评估的两个基本目的：①确定渔业共同管理系统和过程的适宜性；②渔业共同管理计划目标和目的的实现情况。评估所产生的信息将被用于调整和改进渔业共同管理系统的过程、管理、规划、可靠性和整体影响。当然，在这一总体框架内，可能还有开展评估的更具体的原因。可能一些渔业管理问题已经被大家关注，渔业共同管理成效评估的出资者和政府决策者可能需要进行一次审查，以明确问题、确定解决问题的优先事项，或者仅仅是想要改进管理政策和实践。渔业共同管理的领导者群体可能希望利用评估结果来改进其成效或报告所取得的成就。大家对评估越来越感兴趣的部分原因是对可靠性和透明度的要求越来越高。概括地说，评估可以：

• 为实现各项目标提供指导。
• 促进和支持适应性管理方法。
• 协助有效分配资源。
• 提升可靠性和透明度。
• 帮助渔业资源使用者和利益相关者广泛参与渔业共同管理。

评估的发起者和委托者以及利益相关者应该明确评估目的，确定他们希望通过评估回答哪些具体问题——这将使所有参与渔业共同管理系统的人士和参与渔业共同管理成效评估的人士理解并同意为什么要开展评估。此外，需要明确界定被评估的渔业共同管理系统的管理单位，它们可以是在渔业、社区或部门层面运行的系统，也可以是空间界定的区域，如渔业领土使用权（Territorial Use Right in Fisheries，TURF）。

评估的范围为渔业共同管理系统下渔业（社区、部门）的边界和领域——这在渔业共同管理计划中应该已被确定。一旦确定范围，则意味着评估应该围绕某一确定的区域或领域，并确定参与渔业共同管理系统的利益相关者。

任务 1.3　建立评估小组

评估小组负责规划、实施和分析。应该指定一个人领导评估小组。评估小组所需的专业知识取决于所选定的指标以及衡量和分析指标的复杂程度。至少

应该在评估前几个月培养小组成员的评估能力。根据评估目的、范围和可用资源，评估可以由渔业共同管理系统内部人员和渔业共同管理系统外部人员（外部专家）组成的团队进行。引入对渔业共同管理系统有了解、受信任和尊重的外部专家可提高评估团队的能力，例如，可能需要引入性别问题专家。评估小组应该商定一组指导评估过程的规则、原则和方法。每个小组成员的职责应该根据其技能和经验加以明确。评估小组应该得到主要资源使用者群体（权利持有者）、渔业社区成员和政府的认可。在某些情况下，特别是负责衡量许多指标的大型评估小组，可能需要一名全职的后勤保障官员进行日常协调。

另外，还应该确定评估小组中的一名成员担任"数据管理员"，负责接收为每个选定指标所收集的所有数据。在某些情况下，该成员可能是评估小组组长，也可能是收集相关信息的同一个人（如小组的社会经济学家）。当然，在某些情况下，可能是负责接收和处理信息的人，如数据分析师或计算机专家。

任务 1.4　获得批准

开展评估可能需要获得各级政府以及当地社区官员和领导者的批准。开展评估还可能受到政府法规的指导，在这种情况下，应该先确定和审查相关法规。确保所有必要的许可证、批准和许可均到位，以便在整个评估期间顺利开展所有评估工作，包括批准以人为对象的研究，如知情同意和可识别信息的分类。没有适当的数据收集许可可能会延误或停止计划好的评估工作。

任务 1.5　利益相关者分析

开展评估还需要识别渔业共同管理系统中的不同利益相关者，确保他们了解评估情况并能参与评估。这项识别工作通过分析利益相关者进行。利益相关者是影响特定渔业共同管理系统或对其感兴趣、参与其中或受其影响的个人、团体或组织，例如，渔民、消费者、女性、青年、老年人、政府渔业管理人员、船主、渔业共同管理组织以及其他人。利益相关者分析可确定该地区可能影响评估的经济、社会和政治权力结构。

捕捞渔业由男性主导，但在渔业生产的不同阶段都有女性参与，从生产前（网具准备、渔船维护、鱼饵和燃料购买）到生产后（捕捞后水产品的加工和贸易）。通过将性别因素纳入分析，渔业共同管理计划可以更具包容性，取得更有针对性的成果，确保在渔业管理系统内部实现性别平等和女性赋权。开展性别分析是为了突出女性、男性、女童和男童（青年）的具体贡献和关切，以便更好地了解渔业共同管理中的性别关系。更好地理解渔业共同管理中的性别分工还将揭示男性和女性的独特贡献，从而确定更具体的行动或干预措施，以解决渔业共同管理系统中的性别不平等问题（USAID Oceans，2019）。

● 插文 3　什么是利益相关者分析？

利益相关者分析是确定不同利益相关者的需求和关切的一种工具。

在渔业共同管理中，利益相关者分析的目的是确定谁是主要利益相关者，然后确定在渔业共同管理系统和计划中应该如何处理他们的利益。这些不同的利益相关者都有自己的要求和利益，确定如何平衡这些不同的利益是利益相关者分析的关键部分。利益相关者分析是一个有用的工具，可用于获得理解和建立共识、宣传拟议项目的益处，以及开展强大、包容的公众参与活动。

资料来源：FAO，2008。实用指南——利益相关者分析：食品安全信息行动。罗马。

任务 1.6　利益相关者参与计划

在规划、数据收集和分析的所有阶段，评估都应当是参与性的。让资源使用者（权利持有者）和利益相关者参与评估至关重要，因为他们感兴趣的问题可能不同于渔业共同管理领导者或政府，他们可能直接受到评估结果可能导致的任何行动的影响，他们拥有其他人可能没有的信息。至少，代表渔业共同管理系统资源使用者群体、渔业社区和政府的渔业共同管理者以及女性、青年和原住民应该参与评估。培养利益相关者参与评估的能力很重要，也需要为这种能力培养分配资源。

虽然主要利益相关者应该适当参与整个评估过程，但仍需要规划一项具体行动，以便验证评估的初步结果。除主要利益相关者参与开展的内部审查外，也应该将外部审查纳入这一验证过程。4.2.3 步骤 3 中的任务 3.5 将对此进行进一步讨论。

任务 1.7　确定评估结果的受众并制定通报计划

在评估开始之前，需要确定评估对象，并制定评估结果的宣传和通报计划，由于评估结果可能会有许多不同的受众，意味着需要不同的通报评估结果的方法。

例如，主要受众可能是要求进行评估的人，如国家机构、渔业共同管理领导者或出资者。请记住，可能还有其他人会发现评估结果有用，并且这些人能促进渔业共同管理工作的开展。应该特别注意确保主要利益相关者、资源使用者以及其他生计依赖渔业共同管理资源的人能够得到帮助——这可能需要使用当地语言和基于图示而非文字的通报产品和手段。

利用利益相关者分析结果将有助于确定目标受众以及与他们沟通的方式。回答以下问题也会有助于确定目标受众以及与他们沟通的方式：

- 对于每个受众，您对他们接收信息的首选方式了解多少？这可能与他们的技术能力密切相关。例如，他们喜欢阅读信息还是收听广播或看电视？他们是否会操作电脑？是否经常使用互联网？他们是否定期聚在一起开会或参加会议？如果有，这些会议一般安排在什么时间？

- 每个受众讲什么语言？他们的平均受教育水平如何？他们喜欢哪种交流方式？技术性且学术性还是随意性且口语化？口头交流通常在哪里进行？如何进行？

- 具体来说，您希望每位受众如何处理您向他们提供的结果和信息？您希望他们在您提供结果后采取什么行动？这些期望与渔业共同管理系统的目标和目的有何联系？

根据与主要受众接触的需要、他们使用评估结果的方式以及他们可以采取的行动类型，确定主要受众的优先顺序，并制定通报计划，制定计划时考虑到每个受众群体的具体因素。

通报计划应该包含以下内容：

- 受众分析矩阵，确定可能的内部和外部受众范围、他们的特点以及一组优先目标受众。

- 说明目标受众喜欢的接收信息方式将有助于确定合理的表述方式和形式［单向或双向交流］，以便于目标受众分享评估结果。建议使用多种通报方式：通报方式可以是向出资者提供一份总结报告，也可以是向资源使用者提供一段视频。

- 通过确定对每一个或每组目标受众使用哪种单向或双向交流方式以及采取哪种通报方式和风格来制定通报策略。结果通报策略可以准确概述如何针对目标受众开展确定的交流方式。制定通报策略时，需要考虑如何使交流方式对目标受众最有意义、最发人深省，并将交流方式也纳入评估成果通报策略。例如，什么样的语言、语调、文字风格和语态（被动还是主动）最能引起目标受众的共鸣？评估结果通报策略应该包括与不同目标受众交流时通报什么信息、用什么通报形式。建议用受众分析矩阵来确定通报策略。

- 通报完整的关键信息，同时附上解释评估结果的实例和说明，有助于特定目标受众真正有兴趣阅读评估结果。信息交流可以使评估小组和渔业共同管理者在评估期间和产生评估结果时牢记目标受众感兴趣的关键信息。

- 制定时间表，说明何时向目标受众通报和交流信息，不同信息会采取不同的通报和交流方式，该时间表将取决于评估结果的通报和交流方式。

确定的通报和交流方式也将有助于验证评估过程。在对最终评估结果和建议达成一致意见之前，应该验证评估的初步结果，在这一过程中，还需要考虑适当的交流方式（任务 3.5）。

任务 1.8 确定评估渔业共同管理系统的主要标准

如 2.2 所述，多年来的渔业共同管理经验中有许多良好实践，这些良好实践应该成为评估渔业共同管理系统设计和成效的基准。

任务 1.9 确定渔业共同管理计划

确定渔业共同管理计划时，应该明确该计划应该包含的目标和目的。这些目标和目的可多可少，可以涵盖环境、社会、经济和管理等各个方面。在真正开展评估前，应该评估目标和目的的清晰度，并评估确定它们的程序是否合理（由谁准备渔业共同管理计划、何时完成准备、利益相关者的参与程度如何）。如果渔业共同管理计划没有包含目标和目的，或者目标和目的不明确、不正规或可能没有通过适当程序达成一致，则评估重点应该放在渔业共同管理系统的良好实践上。强烈建议通过渔业共同管理利益相关者共同参与来确定渔业共同管理计划的目的和目标，以便之后顺利评估目的和目标的实现度，但这可能必须与评估本身分开进行。

任务 1.10 选择指标

就渔业共同管理成效评价，《指南》提供了各种指标建议，这些指标反映了渔业共同管理系统的良好实践和渔业共同管理计划目标的多样性。如上所述，渔业共同管理成效评估分成两个互补的部分进行：第 1 部分是评估渔业共同管理系统本身，即渔业共同管理系统的发展情况以及该系统在渔业共同管理良好实践方面的运作情况；第 2 部分是评估渔业共同管理计划中所述目标和目的的实现情况。这两部分都需要一组评估指标。

由于每个渔业共同管理系统和计划都是独特的，《指南》建议的指标不一定普遍适用于所有渔业共同管理系统和计划，对于评估中的渔业共同管理计划尤其如此：只能对渔业共同管理计划中的目标和目的所涉及的方面进行评估（例如，如果没有经济目标和目的，就不需要经济指标）。如果渔业共同管理计划中包含监测和评估系统，并已确定指标和目标，则这些指标和目标应该成为评估的基础。

不过，对于渔业共同管理系统本身的设计和运作而言，使用涵盖所有良好实践的指标非常重要。在确定评估目的和范围时，任务 1.1 已确定了需要回答的具体问题，这些问题也将指明评估所需的指标。

由于每项指标都需要收集和评估数据，因此在评估预算和可用资源方面也必须实事求是。也鼓励《指南》使用者制定最符合其渔业共同管理系统和计划的指标。然而，选择合适的指标应该是一个渔业资源使用者和其他主要利益相关者共同参与的过程。

➡ 插文 4 什么是好的指标？

指标是用于衡量的数据标准，通常随时间的推移进行衡量，用于判断愿景、目标和预期结果是否正在实现。由于"成效"是一个多维度的概念，因此应该使用一系列不同的指标来评估渔业共同管理系统的运作情况。当然，单凭这些指标还不足以说明全部问题。

根据良好实践，一个好的指标应该符合六个标准（Margolius 和 Salafsky，1998）：

- 可衡量：能够以定量或定性的方式进行记录和分析。
- 精确：所有人对指标的理解一致。
- 一致：不随时间而改变，因此衡量的对象也不改变。
- 敏感：随着属性或衡量对象的变化而变化。
- 简单：简单的指标通常优于复杂的指标。
- 可负担：收集和数据分析成本较低的指标通常优于成本较高的指标。

例如，如果渔业共同管理的目标是到第二年年底渔民不再使用氰化物或炸药捕鱼，指标可以是渔民使用氰化物或炸药的事件数量，但这一指标很难衡量，因为渔民可能会秘密使用氰化物或炸药，因此无法衡量；更好的指标应该是被炸药捕鱼行为破坏的珊瑚礁面积。

资料来源：Margolius, R. A. 和 Salafsky, N.，1998. 成功的衡量：养护和发展项目的设计、管理与监测。华盛顿：岛屿出版社。

由于每项指标都需要收集和评估数据，因此在评估预算和可用资源方面必须实事求是。在选择指标时可以开展以下行动：

（1）为评估渔业共同管理系统，根据 2.2 和 2.3 中的良好实践和渔业共同管理过程选择指标。建议评估所有良好实践。上文确定的良好实践（过程）均有相关指标（附录 1），将它们用于评估渔业共同管理体系的实施流程。每个良好实践通常有一个指标。

（2）在评估渔业共同管理计划时，首先要确定渔业共同管理计划中渔业共同管理系统的目标和目的，然后选择指标。计划中可能有许多目标和目的，可将其归类为社会、经济、生态和管理等几大类，以便更容易地选择指标。然后，在附录 2 的评估表中找出与渔业共同管理计划的目标和目的相匹配的指标。如果评估表中没有合适的指标，鼓励使用者制定最符合渔业共同管理计划目标和目的的新指标。建议列出所有相关目标和目的以及相关指标。如果渔业共同管理计划包括监测和评估系统，并已确定指标和目标，则应该将其作为评估的基础。

①通过确定所识别指标的可测量性来对这些指标进行审查和优先排序（任务1.10）。确定是否存在该指标的基线数据或不同年份的数据，以便分析趋势。如果基于时间和资源无法测量所有指标，则需要对其进行优先排序。也建议制作所选指标的列表。

②指标选择的过程不应过于复杂。评估良好实践的指标已经确定。根据目标和目的确定评估渔业共同管理计划的适当指标应该是相当直观的。

附录 1 将详细介绍评估渔业共同管理系统的指标，附录 2 将讨论社会、经济、生态和管理目标以及衡量渔业共同管理计划成效的指标。

任务 1.11　评估开展评估所需的方法和资源

在确定一组适当的指标后，现在需要评估衡量这些指标所需的资源。

（1）确定衡量选定指标所需的分析方法和类型：将采用哪些方法收集数据？例如，观察、调查和半结构式访谈①？

A. 将采用何种抽样方法？例如，将对多少人进行访谈？发放多少调查问卷？抽样渔获量的比例是多少？

> **➡ 插文 5　抽样方法**
>
> 定义明确的抽样将确保收集到的数据准确可靠，可以为评估小组提供更强的解释能力和更大的决策信心。评估小组应该首先确定收集不同类型数据的抽样单位。例如，社会或经济指标的抽样单位可以是个人、家庭或利益相关者群体。了解所需的抽样单位有助于确定收集数据的最佳方法。在制定抽样方法时应该考虑以下事项：
>
> - 确定抽样地点，包括正在被评估的管理单位的空间定义。
> - 选择抽样类型，例如，非随机抽样或随机抽样。
> - 渔业系统的特征（即捕捞作业和渔具类型、捕捞时间、捕捞季节性、家庭住址）。
> - 社会各阶层的充分代表性（即收集按性别分列的数据，体现弱势或边缘群体的代表性）。
>
> 资料来源：作者自拟。

B. 如何记录收集到的信息和数据？是需要适当的数据库还是使用 Excel 或纸质记录？

C. 采用什么方法分析数据？是否需要做分析数据前的准备？

---

① 附录 1 和附录 2 将举例说明不同指标可能采用的数据收集方法。

（2）确定衡量和分析选定指标所需的人力资源。例如：

①每项指标需要多少人收集数据？

②希望多大程度地参与？

③完成评估需要多长时间？评估每个指标需要多长时间？

④需要什么水平的技能和培训？

⑤评估小组成员是否具备这些技能和受过这些培训？

⑥是否需要外部技术援助？

⑦哪些指标（如果有的话）有相似的数据收集方法？是否可以同时衡量？

⑧他人参与数据收集的动机是什么？

（3）还需要哪些资源和设备？

（4）评估小组工作的现场需要哪些类型的基础设施（如运行计算机的电力设施）？

（5）衡量指标需要哪些设备（如深海水下呼吸器或手持式全球定位系统装置）和交通工具（如船只、卡车）？

（6）生成和分析结果需要哪些类型的分析工具（如数据库和统计软件程序或 GIS 设备）？

4.2.2　步骤 2：信息汇编

信息汇编包括描述以下两项信息：①渔业共同管理系统的背景；②渔业共同管理的实施过程（图 4-5）。其目的是提供渔业共同管理系统的背景信息，支持评估过程，帮助评估小组衡量指标和解释评估结果。在时间和资源允许的情况下，评估小组可以根据需要详细描述背景和过程。但是，对实施过程中的每一步骤或资源的所有属性、资源使用者以及机构和组织安排的描述都不需要非常详细。没有必要收集评估不需要的数据。信息汇编的目的是为评估小组提供渔业共同管理系统背景和过程的概况，使每个人都能更好地、一致地了解该系统。预计评估小组可以从次级资料来源或与重要信息提供者的访谈中获得这两项描述所需要的大部分数据。例如，渔业共同管理区域的描述（概况）应该在建立渔业共同管理系统时编制，并应该作为渔业共同管理计划的一部分，之后可能只需更新描述（概况）。同样，渔业共同管理系统的领导者也可以是关

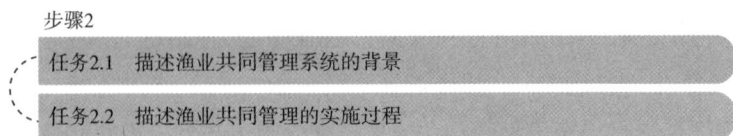

步骤2

任务2.1　描述渔业共同管理系统的背景

任务2.2　描述渔业共同管理的实施过程

图 4-5　评估过程步骤

资料来源：作者自拟。

键信息提供者，因为有些领导者可能从系统建立之初就参与其中，对做了什么、为什么做以及由谁做都非常了解。这两项描述将以报告的形式用叙述、表格和数字等方式进行呈现。

评估小组应该收集所有相关的次级资料，用于描述渔业共同管理系统的背景（任务 1）和渔业共同管理的实施过程（任务 2）。次级资料是指已经由政府机构、大学、非政府组织、私营部门和研究机构收集、分析并以各种形式发布的数据。这两项描述任务都可以主要依靠次级资料，以节省资金和时间，除非其中一项描述需要更新的数据和信息。

任务 2.1　描述渔业共同管理系统的背景

本任务将通过描述资源系统的关键属性（生物属性、物理属性和技术属性）、资源使用者的关键属性（捕捞、销售、社会、文化、经济、政治和权力结构）、治理的关键属性（社区层面的机构和组织安排、外部机构和组织安排）以及外部属性（宏观经济、社会、政治和自然）来描述所评估的渔业共同管理系统的背景。这些属性构成了资源使用者、政府和其他利益相关者协调合作的背景，从而建立和运行渔业共同管理系统，并最终治理、管理和使用资源。属性清单见附录 4。

对渔业共同管理系统背景的描述将被用于分析了解渔业共同管理系统要素与结果之间的联系和关系，要素包括背景、过程和互动模式。渔业共同管理系统的每个要素都与其他部分有因果关系，根据关系的不同，有的表现较强，有的表现较弱。可以根据具体情况对这些要素的不同组合进行研究。例如，资源使用者的异质性程度会影响他们参与集体行动的意愿。

其中一些属性还与渔业共同管理本身的评估直接相关，并可能与一些用于评估系统是否按照良好实践设计和运作的指标重叠。

图 4-6 列出了背景分析应该包括的关键属性（Pido 等，1996）。对这些属性进行分组示例旨在为编制渔业共同管理系统背景描述时可收集的信息类型提供指导。请注意：并非需要收集每个属性的所有信息，本清单旨在指导每个属性可收集的信息类型。由于渔业共同管理是一个治理过程，因此应该重点关注"机构和组织安排属性"和"外部机构和组织安排属性"。机构安排涉及权利结构、决策安排、渔民和利益相关者的参与、合法性、权利机制和规则；组织安排关注进行决策的讨论会的特点，以及代表性、决策程序、实地决策执行以及与其他团体的协调与合作等集体行动的特点。

外部机构和组织安排发生在比渔业（社区）级别更高的层级（如国家政府），并经常影响渔业（社区）级别的机构和组织安排。在描述渔业共同管理系统的背景时，描述近年来围绕渔业属性发生的任何重大变化可能都是有用的。

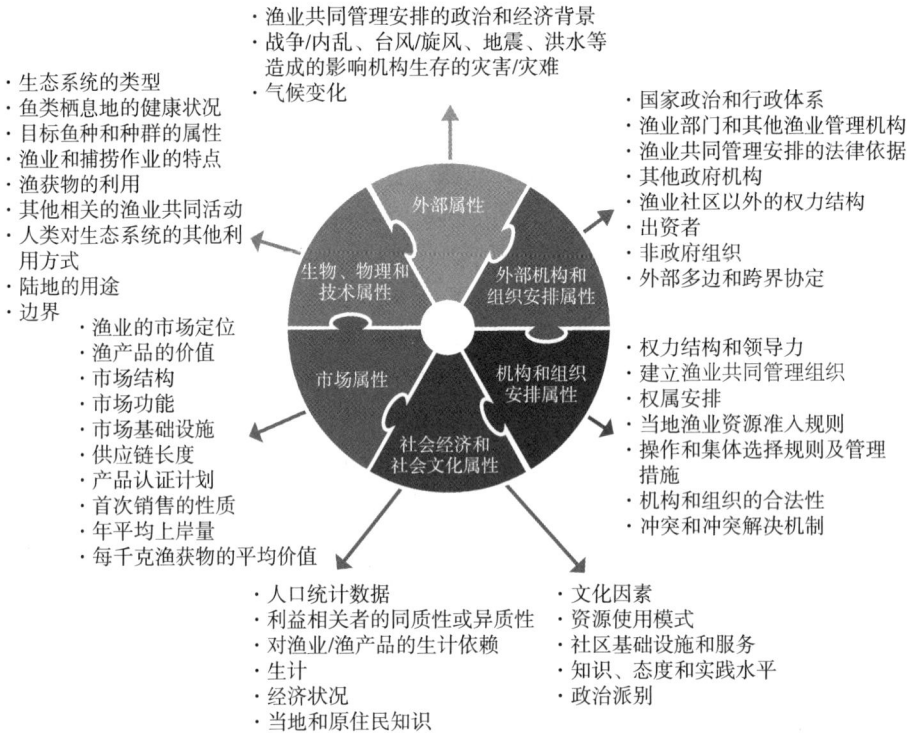

·渔业共同管理安排的政治和经济背景
·战争/内乱、台风/旋风、地震、洪水等
造成的影响机构生存的灾害/灾难
·气候变化

·生态系统的类型
·鱼类栖息地的健康状况
·目标鱼种和种群的属性
·渔业和捕捞作业的特点
·渔获物的利用
·其他相关的渔业共同活动
·人类对生态系统的其他利
用方式
·陆地的用途
·边界

·国家政治和行政体系
·渔业部门和其他渔业管理机构
·渔业共同管理安排的法律依据
·其他政府机构
·渔业社区以外的权力结构
·出资者
·非政府组织
·外部多边和跨界协定

外部属性

外部机构和
组织安排属性

生物、物理和
技术属性

机构和组织
安排属性

市场属性

社会经济和
社会文化属性

·渔业的市场定位
·渔产品的价值
·市场结构
·市场功能
·市场基础设施
·供应链长度
·产品认证计划
·首次销售的性质
·年平均上岸量
·每千克渔获物的平均价值

·权力结构和领导力
·建立渔业共同管理组织
·权属安排
·当地渔业资源准入规则
·操作和集体选择规则及管理
措施
·机构和组织的合法性
·冲突和冲突解决机制

·人口统计数据
·利益相关者的同质性或异质性
·对渔业/渔产品的生计依赖
·生计
·经济状况
·当地和原住民知识

·文化因素
·资源使用模式
·社区基础设施和服务
·知识、态度和实践水平
·政治派别

图 4-6　渔业共同管理背景属性示例
资料来源：作者自拟。

任务 2.2　描述渔业共同管理的实施过程

本任务包括描述制定和实施渔业共同管理系统的过程和行动，它回答了"我们是如何进行渔业共同管理的"这一问题。如 2.3 所述，实施渔业共同管理的通用模式或过程可分为三个阶段：①实施前；②实施中；③实施后或渔业共同管理系统的可持续发展。在这三个阶段中的每个阶段都可以开展一些行动。通过识别和描述渔业共同管理实施过程中的各种行动，可以了解哪些行动运作良好、哪些行动运作不佳。

2.3 和图 2-4 中的行动类型清单旨在帮助确定在渔业共同管理实施的三个阶段可能开展的行动类型。该清单并非囊括所有，因为在渔业共同管理过程中可能还开展了其他行动，而应该将这些行动补充到描述中。就所评估的渔业共同管理系统而言，应该确定渔业共同管理的三个阶段（实施前、实施中和实施后）需要开展的行动，并简要说明开展行动的时间、领导者和具体内容。

与任务 2.1 中对渔业共同管理系统背景的描述一样，对渔业共同管理系统实施过程中所开展行动的描述与良好实践密切相关（2.2），也被用于对良好实践的分析。对行动的描述也将被用于理解渔业共同管理系统各要素（即背景、过程和互动模式）与评估结果之间的联系和关系。

4.2.3 步骤3：评估

本部分内容将介绍如何开展评估，包括收集、管理和分析开展评估所需的数据（图4-7）。

步骤3

任务3.1 实施评估工作计划
任务3.2 收集数据
任务3.3 管理收集到的数据和信息
任务3.4 衡量指标并分析结果
任务3.5 验证和审查评估结果
任务3.6 通报评估结果

图4-7 步骤3的任务
资料来源：作者自拟。

任务3.1 实施评估工作计划

工作计划一旦付诸实施，评估工作即开始。这不仅仅需要收集数据，还需要仔细考虑数据收集、管理和分析的时间、后勤和过程。

在实施评估工作计划的过程中，评估小组必须不断考虑并随时准备回答以下问题：

- 是否有时间限制？评估小组需要灵活对待工作时间，以应对可能出现的不可预测事件，如飓风、水质状况不佳、突发社区紧急事件或航班取消等。

- 是否有新的或不断变化的后勤需求？预测并确保在整个评估实施过程中为评估小组做出必要的后勤安排并进行监督。这些安排不仅涉及实地工作和数据收集，还涉及日常需要，如当地旅行、食宿、使用电话和电子邮件通信以及计算机终端。

- 是否提供了资源？在整个评估实施过程中，评估小组需要获得必要的资金和设备以进行数据收集。例如，生态指标可能需要定期使用船只、船员、采样设备和燃料。为可能的医疗援助提供安全设备和资金也是必不可少的。专人定期监督资源是否到位，可以使评估小组专注于手头的工作。

- 收集的数据是否已准备就绪？即使在大多数情况下，评估使用的数据收集、管理和分析方法比较简单，也要确保数据已经准备就绪，并经过了充分的审查和完善。

31

任务 3.2　收集数据

需要开展以下行动来收集衡量指标所需的数据：

- 为评估渔业共同管理系统，最好衡量针对所有良好实践的指标（附录 1）。每个良好实践指标的数据收集可能涉及不同方法，如访谈、问卷调查、专题小组讨论或渔业共同管理系统报告阅读等。在步骤 2 中收集到的有关渔业共同管理背景和过程的信息很有用。

- 对于渔业共同管理计划的评估，由于评估将使用各种不同的指标，《指南》不可能就衡量每项指标的数据收集方法提供详细指导（尽管附录 2 提供了一些可行方法的建议）。大多数评估将利用通过各种监测形式收集到的数据。应该注意的是，数据可能已经可以从为支持监测和评估而进行的基线调查、对渔业共同管理过程的例行监测以及次级资料来源（如在步骤 2 中收集的有关渔业共同管理背景和过程的次级资料）中获得。收集的数据被用于回答与评估有关的具体问题，这些问题通过选定的指标来表述。准确收集这些数据至关重要。

在全面使用前测试不同的数据收集方法，如调查问卷或与专题小组进行半结构式访谈的核对表。对数据收集方法的培训、熟悉和测试将提高准确、一致地衡量所选指标的可能性，有助于为渔业共同管理团队提供一个准确、可比较的数据集，以便长期使用、分析和参考。请记住，建设内部开展评估的能力，日后将更容易重复评估过程。

任务 3.3　管理收集到的数据和信息

收集完数据和信息后，需要对数据进行整理和存储。这里的数据包括尚未完全处理、还不能作为输出通报的信息，如图像和地图等。数据整理和存储过程通常被称为数据管理，这是数据收集和分析过程中的一个关键阶段，但往往被忽视。数据安全和保密对数据管理也至关重要。根据评估的范围和程度，数据管理的要求可以有所不同。在某些情况下，用简单的 Excel 或类似的应用程序记录数据并保存纸质记录可能就足够了；而在其他情况下，可能需要任命一名数据管理人员，并建立一个更精细的数据记录和管理系统，例如：

- 确定如何将收集到的数据提交给数据管理员。这将使数据提交者（数据收集者）和数据接收者（数据管理者）有一个明确的共识，知道将以何种类型和形式提交数据——这将大大提高评估的准确性和效率。元数据记录（如日期、时间、地点、数据收集者姓名和可追溯性信息）对于数据的进一步处理和解释也至关重要。

- 对数据进行编码。数据编码是对每个数据点进行翻译从而为分析做准备的过程。这一翻译过程需要一张编码表，数据管理者可在表中了解所收集数据的含义及编码。这个过程中需要确定一名评估小组成员对数据进行编码。

- 开发数据存储和输入系统。在对每个基准点进行编码的同时，也应该录入数据。录入数据是将编码数据移动到永久存储位置的过程（通常冗长而乏味），日后将从该位置导出数据以便开展分析。这种永久存储位置被称为数据库。

- 整理和审查数据集。输入数据后，数据管理员负责收集、管理并审查数据，以检查其完整性和准确性，该过程也被称为数据清理。如果在数据集中发现错误（缺乏准确性）或"缺口"（基准点缺失），数据管理者应该与数据收集者合作，纠正或查明问题。在某些情况下，不完整的数据集意味着无法收集到特定的基准点，日后也无法补充。

- 使数据可分析和可共享。管理数据的目的是使数据检索简单、可靠。编码和存储的数据易于分析和共享才是最好的。建议制定一个流程，允许他人联系数据管理者并请求访问数据或接收存储的数据，同时确定谁可以访问数据库、谁不可以访问数据库以及访问者的责任。

- 如果发现所收集的数据有误差，则不应该使用。在继续分析之前，要找出并解决任何误差来源——常见的误差包括人为误差和抽样误差。

任务 3.4　衡量指标并分析结果

分析是对信息进行仔细考虑、比较和对比的过程，目的是澄清不确定性或阐明对所提具体问题的答案和见解。就《指南》而言，对渔业共同管理系统评估期间收集的数据进行分析，将有助于解决和回答有关渔业共同管理系统弱点的问题。分析应该是一个参与性过程，评估小组和利益相关者都应该参与其中，以获得对结果的不同看法。分析将分为两个阶段：

- 衡量在任务 1.9 中选定（制定）的指标，即为每个选定指标赋值。
- 分析结果并解释衡量指标的数值。

为了衡量指标，需要为每个指标收集相关信息。这可能包括数据库中的数据、评估小组成员的书面记录，以及来源于现有数据管理系统的其他数据（4.2.2）。根据评估和数据收集的复杂程度，可以采用不同的方式来衡量指标。建议确定最合适的数据分析方式，无论是定量分析还是定性分析。例如，有些数据分析可能只涉及简单的计算，如总和和百分比的计算。如果数据是从具有统计代表性的样本中收集的，则可能需要更高级的描述性统计方法，如标准差、平均值和模式以及配对 t 检验等。定性数据分析涉及对所调查的人和情况的说明、看法或解释。定性分析可以涉及不同方式，包括内容分析、叙事分析、话语分析和框架分析。

作为衡量所选指标的一种相对简单的方法，《指南》建议使用评估表，在评估表中每项指标都可按三级评分。

- 为了衡量渔业共同管理系统良好实践的指标，可使用附录 1 中的渔业共同管理系统设计和成效的评估表。对每个指标的完成程度进行三级评分，即存在良好实践、部分存在良好实践和不存在良好实践。
- 在衡量渔业共同管理计划指标时，使用附录 2 中的用于评估渔业共同管理计划目标和目的达成度的评估表来分析它们的实现情况。每项目标和目的（及相关指标）的达成度分为三个等级（完全实现、部分实现和未实现）。

评估表上设有注释框，可根据需要对达成度或评估结果进行补充说明。此外，还提供了注释方法（信息来源）的插文，用于描述衡量指标的方法和信息来源。

一旦对指标进行了衡量，就应该对评估结果进行分析。为使评估结果有现实意义，也为在必要时采取纠正措施（见 5 评估后的适应性管理），了解评估结果背后的原因非常重要。

正如 4.2.3 所说明的，分析框架通过提供共同分析结构帮助开展分析，使数据得到系统分析，并进行归纳和比较。分析包括说明指标值、解释渔业共同管理系统要素（即背景和过程）与评估结果之间的联系和关系。如果数据允许，还可以帮助研究趋势和影响，包括随时间变化的趋势和影响。分析的重点不是寻求证明"因果"关系，而是理解"解释力"，或理解渔业共同管理系统中所有要素"为何"产生这样的评估结果，并考虑如何最好地说明结果。

渔业共同管理系统的评估结果将被用于分析渔业共同管理计划，因为良好实践的达成度与渔业共同管理计划的目标和目的的实现之间存在因果关系。例如，某项目标未实现可能与某项最佳实践未完成有关。

研究不同指标之间的关系也很重要。这些关系至关重要，因为只看单个指标而不了解它们之间的相互作用会导致误导性评估。例如，社会因素（如传统知识是否被纳入渔业共同管理计划）可能会影响管理措施是否适当和可操作。同样，公平分配的使用权也会提升资源使用者参与渔业共同管理安排的动力。

分析评估结果将涉及说明各项指标的评分结果，进而说明为什么存在良好实践、部分存在良好实践、不存在良好实践，以及为什么存在渔业共同管理计划目标的完全实现、部分实现或未实现。这类分析应该侧重于评估的主要目的以及对评估中发现问题的审查、委托评估的人想要解决或全面回答哪些基本问题。

根据指标的不同，对评估结果背后的原因可能会有不同的看法。分析应该是一个参与性的过程，评估小组和利益相关者都应该参与其中，以获得对结果的不同看法。将这些关系用图表的形式画在纸上是很有帮助的。

➡ 插文6 分析实例

利用该分析框架对渔业共同管理系统和计划进行评估分析的实例如下：

- 渔业共同管理系统的一个目标可能是利益相关者的有效参与和代表性。
- 评估这一目标实现情况的指标可以是所有主要利益相关者，包括女性和青年，都有权利且有能力积极参与决策。
- 评估结果表明，目标没有实现，并且参加相关会议并发表意见的利益相关者数量有限。
- 通过研究结果与系统背景（任务2.1）、过程（任务2.2）和其他相关指标之间的关系，该框架为分析未实现目标的原因提供了一个框架。
- 在这种情况下，发现只有少数人参加会议的可能原因是：①资源使用者来自许多不同的族裔群体（背景）；②没有定期组织会议（过程）；③渔业共同管理系统的实施过程中没有开展足够的合作和建立信任方面的能力建设（良好实践指标）。
- 对这一糟糕结果的"解释"是，由于资源使用者（渔业共同管理参与者）之间互不信任，他们全面进行协商的积极性有限。
- 会议商定了一项适应性管理战略，即开展更多关于建立互信的培训，并安排管理者与资源使用者之间的月度会议，以便进行更直接的互动和讨论。

资料来源：作者自拟。

任务3.5 验证和审查评估结果

建议通过会议和专题小组讨论，与利益相关者（任务1.3、任务1.4和任务1.5中确定）验证评估结果草案，这将使利益相关者（包括女性和男性、青年、原住民以及弱势和边缘化群体）在更广泛地通报结果之前对其进行审查，并就分析结果提供重要的反馈意见。在验证和审查评估结果期间，要求利益相关者仔细审查评估方法、结果和结论，就如何弥补不足之处和同意或反对对于结果的说明和结论提出批判性和建设性意见。在某些情况下，反馈意见可能要求评估小组放弃或重新考虑某些结果或结论，或重新规划和衡量某些指标。

内部审查完成后，提交修订的评估报告供外部审查。从技术（科学和政策研究）和目标受众两个层面挑选德高望重、值得信赖的专家，请他们在适当的时间内对修订的评估报告进行审查并提出意见。在某些情况下，审阅专家可能无法进行审阅，因此，应该在一开始就准备好审阅者的备份名单。同样重要的是要记住，外部审查过程可能要比内部审查花费更多时间。收到外部审查的反馈意见后，评估小组和委托评估的人员再次审查报告，并酌情对报告进行再次修订。顺利完成内部和外部审查程序的最终报告通常是被改进、完善的报告，其合法性、透明度和可信度有很大提高，从而为目标受众提供一份有理有据的评估报告。

任务 3.6　通报评估结果

这项任务包括与确定的目标受众分享并讨论评估结果，并确定如何调整管理实践以改进渔业共同管理。信息传递使评估小组能够确定目标受众在评估结果中寻找的关键信息。一组关键信息将有助于说明评估结果，并有助于集中特定目标受众的注意力。在准备分享评估结果和结论时，根据步骤 1 中制定的通报计划，确定如何向不同的受众口头和直观地介绍评估结果和结论，以及如何分发书面报告（包括评估结果中的图表）。将利益相关者或评估小组的故事或轶事包括在内，这将有助于说明结果。步骤 1 中制定的预算将为通报结果提供资源。

5 评估后的适应性管理

评估结果将使人们更好地了解为什么渔业共同管理制度可能没有产生预期的影响、为什么目标和目的得以实现或尚未实现，以及渔业共同管理制度的设计和表现是否适宜。研究结果还将更广泛地增进对渔业共同管理的了解。在提高理解和认识的基础上，可以确定纠正表现不佳和改进实施的战略和行动。

适应性管理可以被定义为一个正式的过程，即通过一段时间系统地测试管理假设，定期从这种测试的评估中学习，并利用这种学习来修改和改进管理实践。换句话说，适应性管理是对正式和非正式假设进行检验的过程，以便学习和调整未来的行动。这就是"测试—学习—适应"或"边干边学"。其理念是通过提出具体问题学习并获得结果，以帮助做出明智决策和调整行动，从而提高渔业共同管理成效。这种提出问题、收集信息以回答问题、从结果中学习、调整行为和实践的过程是一个循环往复的过程，从理论上讲，在适应性管理循环的每一次变革中，个人或群体都能不断磨炼和完善自己的能力和影响力。这就形成了一个正反馈循环，在接近最终目标的过程中不断自我完善，并在此基础上持续发展。适应性管理原则不仅在自然资源管理和环境保护领域，而且在商业、健康与人类服务、公共服务和发展领域都得到了广泛的认可和运用。

适应性管理是渔业共同管理的核心。适应性管理是渔业共同管理系统的持续性、常规性、实时性行动，日常由渔业共同管理者和利益相关者进行，以对管理进行微调，并对定期监测中发现的意外情况或外部因素做出反应（图5-1）。随着渔业共同管理信息和数据的发展和共享，应该不断在实践中学习，对渔业共同管理系统进行实际调整。然而，过于频繁地调整可能会令人不安，并减缓将有效实践制度化的进程。根据定期监测而开展的管理调整被视为较低层次的操作性适应性管理，而此处讨论的适应性管理具有更高层次，它源自对整个渔业共同管理系统的定期、更深入的有效性评估。定期监测和低层次的操作性、适应性管理产生的数据和信息需要与高层次评估和适应性管理共享，以改善整个过程。需要将通过适应性管理吸取的经验教训写下来，并以可获取的格式储存，以便推进社会化和制度化学习，并保持知识共享。

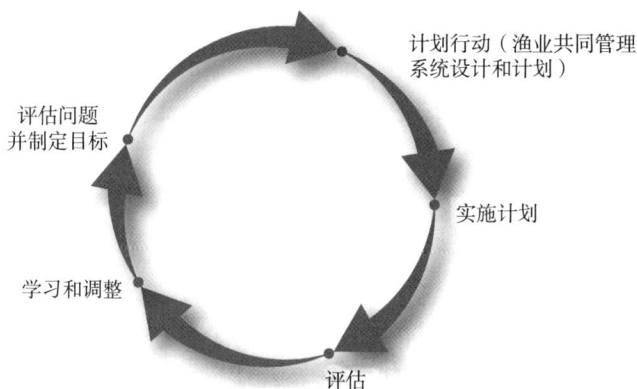

图 5-1 适应性管理循环过程

资料来源：作者自拟。

进行管理成效评估的目的是让渔业共同管理者利用所收集的信息调整和改进渔业共同管理系统的流程、管理、规划、问责和整体影响。一旦与目标受众分享了评估结果，就可以将这些信息与其他数据来源和决策需求相结合，以改进渔业共同管理过程和相关背景问题。这样做的目的是提高就未来行动和渔业共同管理战略所作出的决策的影响力和相关性。作为迭代评估过程的一部分，还必须监测目标受众如何利用评估过程提供的信息和知识来调整管理。对最终如何使用评估结果的观察将有助于设计未来的评估。

适应性管理的本质是迭代，即重复过程或步骤，从而不断接近预期结果。迭代包括利用评估结果改进渔业共同管理系统，有助于管理层通过学习过程进行调整和改进。重要的是，要建立内部迭代能力，并保持从评估过程中获得的知识的连续性。

在对渔业共同管理系统进行评估时，可能会发现该系统的设计是适当的，运行情况良好，目标和预期结果已经完全实现，无须进行任何改变。或者，也可能事情的发展会不尽如人意，需要对目标和预期结果、工作方式或渔业共同管理安排的制度作出一些改变。有关改变的决定需要渔业共同管理者以参与的方式共同作出。对目标和预期结果以及行动的修改可能需要所有参与渔业共同管理制度制定的人士召开会议，审查和修改管理计划以及制度本身的设计和程序。可以通过修改工作计划来制定具体行动，包括由谁领导变革、需要变革哪些内容、如何进行变革、需要哪些资源以及进行变革的时间表。如果需要作出许多改变，可能需要根据改变的重要性和可用于改变的资源来确定改变的优先次序。由于渔业共同管理是资源使用者（使用者群体）与政府之间的合作关系，因此有些改变可能由资源使用者（使用者群体）作出，有些改变由政府作出，有些改变则由各方共同作出。由谁作出改变，将在工作计划中被具体说明。渔业共同管理的领导者有责任确保这些经过调整的管理方法不仅得到实施，而且能够长期保持下去。

将评估结果纳入正在进行的规划和管理决策过程时需要考虑的事项如下：

- 在决策过程中，用有关渔业共同管理的其他信息来补充评估结果。
- 保持灵活性，随时准备作出改变。如果评估发现某些实践不起作用，就要制定机制进行改变。
- 调整和变革需要成本。有些成本可能过高，因此无法立即作出改变。制定机制进行较小的改变，这些改变可能成本较低，但可以逐步进行，以实现渔业共同管理系统所需的较大改变。
- 愿意从成功和失败中吸取经验教训，因为这将有助于巩固渔业共同管理系统。
- 利用常识、过去的经验和现有的信息作出决定。
- 在决定根据评估结果作出改变时，使用谈判、达成协议和确保承诺采取行动等方式确保作出改变。
- 将参与式方式确定为开展变革的最佳方法，例如，与不同的利益相关者群体举行专题讨论会。

评估结果总是有用的。然而，在某些情况下，评估得出的结果可能会有很大问题。怎么办？提供以下几种处理办法：

- 检查收集的数据和收集数据所使用的方法，确保它们具有合理性。对每个指标是否收集了正确的数据？正确的数据收集方法是什么？数据输入是否正确？是否访问了正确的人？
- 审查选定的指标，确保它们与最重要的目标和目的相匹配，并根据需要进行修改。
- 重新审查评估计划，并根据调整后或新的数据收集需求对其进行修订。确保有可用的资源来收集这些数据。
- 使用修订后的指标和修订后的评估计划重新开始数据收集工作。
- 经常（如果不是持续）与当地利益相关者进行交流和讨论，以纠正错误（误解）、调整数据收集方法、选择合适的关键信息提供者等。

6 参考文献

Berkes, F. & Folke, C. , eds. 1998. Linking social and ecological systems: Management practices and social mechanisms for building resilience. New York, Cambridge University Press.

Berkes, F. , Mahon, R. , McConney, P. , Pollnac, R. C. & Pomeroy, R. S. 2001. Managing small–scale ffsheries: Alternative directions and methods. Ottawa, Canada, International Development Research Centre.

d'Armengol, L. , Castillo, M. P. , Ruiz–Mallén, I. & Corbera, E. 2018. A systematic review of co–managed small–scale ffsheries: Social diversity and adaptive management improve outcomes. *Global Environmental Change*, 52: 212–225.

Evans, L. , Cherrett, N. & Pemsl, D. 2011. Assessing the impact offisheries co–management interventions in developing countries: A meta–analysis. *Journal of Environmental Management*, 92 (8): 1938–1949.

FAO. 1995. Code of Conduct for Responsible Fisheries. Rome. 41 pp.

FAO. 1997. *Fisheries management*. FAO Technical Guidelines for Responsible Fisheries. No. 4. Rome.

FAO. 2008. *Stakeholder analysis. Food security information for action*. Practical guides. Rome.

FAO. 2012. *Voluntary guidelines on the responsible governance of tenure of land, fisheries and forests in the context of national food security*. Rome.

FAO. 2015. *Voluntary guidelines for securing sustainable small–scale fisheries in the context of food security and poverty eradication*. Rome.

Gutiérrez, N. L. , Hilborn, R. & Defeo, O. 2011. Leadership, social capital and incentives promote successful fisheries. *Nature*, 470: 386–389.

ICLARM & IFM (International Centre for Living Aquatic Resources Management and Institute for Fisheries Management and Coastal Community Development). 1998. *Analysis of co–management arrangements in fisheries and related coastal resources: A research framework*. Manila and Denmark, ICLARM and IFM.

Margolius, R. A. & Salafsky, N. 1998. *Measures of success: Designing, managing, and monitoring conservation and development projects*. Washington, DC, Island Press.

McGinnis, M. D. , ed. 2000. *Polycentric games and institutions: Readings from the Workshop in Political Theory and Policy Analysis*. Ann Arbor, Michigan, USA, University of

Michigan Press.

McGinnis, M. D. 2011. An introduction to IAD and the language of the Ostrom Workshop: A simple guide to a complex framework. *Policy Studies Journal*, 39 (1): 169 – 183.

Mcginnis, M. D. & Ostrom, E. 2014. Social – ecological system framework: Initial changes and continuing challenges. *Ecology and Society*, 19 (2): 30.

Oakerson, R. 1992. Analysing the commons: A framework. In: D. W. Bromley & R. Feeny, eds. *Making the commons work: Theory, practice and policy*, 41 – 59. San Francisco, USA, ICS.

OECD (Organisation for Economic Co – operation and Development). 2007. Glossary of statistical terms. Paris, OECD.

Ostrom, E. 1990. *Governing the commons: The evolution of institutions for collectiveaction*. Cambridge, UK, Cambridge University Press.

Ostrom, E. 2005. *Understanding institutional diversity*. Princeton, USA, Princeton University Press.

Ostrom, E. 2007. A diagnostic approach for going beyond panaceas. *Proceedings of the National Academy of Sciences of the United States of America*, 104: 15181 – 15187.

Ostrom, E. 2009. A general framework for analysing sustainability of social – ecological systems. *Science*, 325 (5939): 419 – 422.

Ostrom, E. 2011. Background on the institutional analysis and development framework. *Policy Studies Journal*, 39 (1): 7 – 27.

Pido, M. D., Pomeroy, R. S., Carlos, M. B. & Garces, L. R. 1996. *A handbook for rapid appraisal of fisheries management systems (Version 1)*. ICLARM Educational Series. 16. Manila, ICLARM. http: //pubs. iclarm. net/resource_centre/WF_139. pdf.

Pomeroy, R. S., Pollnac, R. B., Katon, B. M. & Predo, C. D. 1997. Evaluating factors contributing to the success of community – based coastal resource management: The Central Visayas Regional Project – 1, Philippines. *Ocean and Coastal Management*, 36 (1 – 3): 97 – 120.

Pomeroy, R. S., Cinner, J. & Nielsen, J. R. 2011. Chapter 7: Conditions for successful co – management: lessons learned in Asia, Africa, the Pacific and the wider Caribbean. In: R. S. Pomeroy, & N. Andrew, eds. *Small – scale fisheries management: Frameworks and approaches for the developing world*. Oxfordshire, UK and Cambridge, USA, CABI Publishing.

Pomeroy, R. S., Katon, B. M. & Harkes, I. 2001. Conditions affecting the success of fisheries co – management: Lessons from Asia. *Marine Policy*, 25 (3): 197 – 208.

Poteete, A. R., Janssen, M. A. & Ostrom, E. 2010. *Working together: Collective action, the commons, and multiple methods in practice*. Princeton, USA, Princeton University Press.

Sen, S. & Neilsen, J. R. 1996. Fisheries co – management: A comparative analysis. *Marine Policy*, 20 (5): 405 – 418.

USAID Oceans. 2019. Assessing fisheries in a new era: Extended guidance for rapid appraisal of fisheries management systems. Bangkok，Thailand，USAID Oceans and Fisheries Partnership.

7 其他参考资料

Bunce, L. , Townsley, P. , Pomeroy, R. &Pollnac, R. 2000. *Socioeconomic manual for coral reef management*. Townsville，Australia，Australian Institute of Marine Science.

Cohen, P. J. , Roscher, M. , Wathsala Fernando, A. , Freed, S. , Garces, L. , Jayakody, S. , Khan, F. , et al. 2021. *Characteristics and performance of fisheries co - management in Asia - Synthesis of knowledge and case studies：Bangladesh，Cambodia，Philippines and Sri Lanka*. Bangkok，FAO. https：//doi. org/10. 4060/cb3840en.

English, S. , Wilkinson, C. & Baker, V. 1997. *Survey manual for tropical marine resources*. Townsville，Australia，Australian Institute of Marine Science.

Hockings, M. , Stolton, S. & Dudley, N. 2000. *Evaluating effectiveness：A framework for assessing the management of protected areas*. Gland，Switzerland and Cambridge，UK，International Union for Conservation of Nature (IUCN).

Hoggarth, D. D. , Cowan, V. J. , Halls, A. S. , Aeron - Thomas, M. , McGregor, J. A. , Garaway, C. A. , Payne, A. I. & Welcomme, R. L. 1999. *Management guidelines for Asian floodplain river fisheries. Part 1. A spatial, hierarchical and integrated strategy for adaptive co - management*. FAO Fisheries Technical Paper No. 384/1. Rome，FAO. www. fao. org/3/X1357E/X1357E00. htm.

Jul - Larsen, E. , Kolding, J. , Overå, R. , Raakjær Nielsen, J. & van Zwieten, P. A. M. 2003a. *Management, co - management or no management? Major dilemmas in southern African freshwater fisheries. 1. Synthesis report*. FAO Fisheries Technical Paper. No. 426/1. Rome，FAO. https：//www. fao. org/publications/card/en/c/e4f512c6 - f14c - 5abd - ba22 - 385349fd0fc4/.

Jul - Larsen, E. , Kolding, J. , Overå, R. , Raakjær Nielsen, J. & van Zwieten, P. A. M. , eds. 2003b. *Management, co - management or no management? Major dilemmas in southern African freshwater fisheries. 2. Case studies*. FAO Fisheries Technical Paper. No. 426/2. Rome，FAO. www. fao. org/3/y5056e/y5056e. pdf.

Pomeroy, R. S. & Rivera - Guieb, R. 2006. *Fisheries co - management：A practical handbook*. Rome and Ottawa，Canada，CAB International and International Development Research Centre.

Pomeroy, R. S. , Parks, J. E. & Watson, L. M. 2004. How is your MPA doing? A guidebook of natural and social indicators for evaluating marine protected area management effectiveness. Gland，Switzerland and Cambridge，UK，IUCN.

附录1 渔业共同管理系统设计和成效评估

渔业共同管理系统评估的重点是系统内的管理标准，或渔业共同管理系统和过程的适宜性，也就是说，评估的是渔业共同管理系统的设计、实施和运行方式：渔业共同管理的良好实践和标准是否到位并得到遵循？渔业共同管理实践和过程的适当性如何？既定或公认的渔业共同管理实践的实施程度如何？

如2.2所述，我们已经确定了渔业共同管理的一些成功因素和良好实践。这些良好实践可被视为渔业共同管理成功的秘诀，可创造成效并促进可持续发展和善治。我们可以根据外部有利环境、渔业共同管理系统的内部属性以及共同管理参与者的情况对良好实践进行分类。它们还与《粮食安全和消除贫困背景下确保可持续小规模渔业自愿准则》和《国家粮食安全范围内土地、渔业及森林权属负责任治理自愿准则》的基本原则以及一般善治原则密切相关[①]。

如4.2.3步骤3所述，用评估表进行数据收集、衡量和分析，以评估渔业共同管理系统（附表1-1）。

附表1-1 渔业共同管理系统设计和成效评估

渔业共同管理系统名称：＿＿＿＿＿＿＿＿＿＿＿＿＿＿＿＿＿＿＿＿＿

编号	良好实践和指标	衡量指标的方法实例	评分（存在良好实践）				评论（说明）	数据收集方法和来源
			存在	部分存在	不存在	不适用		
I.1	有利环境（外部因素）							
I.1.1	良好实践：有利于渔业共同管理的政策和立法：制定支持性立法、政策和权力结构							
I.1.1.1	指标：法律框架使资源使用者及其代表在制定和实施渔业共同管理计划中发挥公平和明确的作用	审查立法；问卷调查（看法）；对地方机构的访谈和协商						

---

① Pomeroy et al., 1997；Pomeroy, Katon and Harkes, 2001；Pomeroy, Cinner and Nielsen, 2011；Evans, Cherrett and Pernsl, 2011；Gutiérrez, Hilborn and Defeo, 2011；d'Armengol et al., 2018.

（续）

编号	良好实践和指标	衡量指标的方法实例	评分（存在良好实践）				评论（说明）	数据收集方法和来源
			存在	部分存在	不存在	不适用		
I.1.1.2	指标：政府与资源使用者（社区）签署并批准的渔业共同管理协议数量	审查渔业共同管理协议或有关各方同意构成的渔业共同管理安排						
I.1.2	良好实践：共同管理渔业资源的使用权，授予渔业共同管理单位正式和公认的渔业资源使用权，渔业共同管理参与者之间分配使用权所需的明确机制（经济、行政和集体）和其他制度均到位							
I.1.2.1	指标：以透明和负责任的方式公平公正地分配权属和使用权	审查政府协议和使用权安排；对价值链上的不同资源使用者进行问卷调查（看法）；在资源使用者群体中开展专题小组讨论；与资源使用组织（协会）进行协商						
I.1.2.2	指标：权属和使用权已充分纳入（反映）在渔业共同管理协议中	审查政府协议和权属安排；对价值链上的不同资源使用者进行问卷调查（看法）；在资源使用者群体中开展专题小组讨论；与资源使用者组织（协会）进行协商						
I.1.2.3	指标：所有利益相关者都能获得有关权属和资源分配标准及过程的信息	审查现有（法律）文件以及获取这些文件的途径；与利益相关者协商；标准化半结构式问卷调查，作为关键信息来源调查的一部分，并通过专题小组讨论予以支持						
I.1.3	良好实践：政府在组织和制定管理规则的权利方面的权威，资源使用者拥有组织和制定规则的合法权利							

（续）

编号	良好实践和指标	衡量指标的方法实例	评分（存在良好实践）				评论（说明）	数据收集方法和来源
			存在	部分存在	不存在	不适用		
I.1.3.1	指标：对资源使用者组织和注册正式组织有法律规定	审查注册组织的立法和程序						
I.1.3.2	指标：渔业共同管理责任已正式下放给渔业共同管理委员会	审查渔业共同管理协议； 审查专业渔民组织章程； 审查渔业共同管理委员会伙伴、渔业共同管理机构、专业组织和执行委员会的职权范围						
I.1.4	良好实践：政府和政治（经济）精英的支持，与资源使用者积极合作并分享权利							
I.1.4.1	指标：根据与资源使用者达成的合作协议，政府支持并参与渔业共同管理	审查渔业共同管理协议； 与重要信息提供者讨论； 对受权实施渔业共同管理的地方主管机构（区、乡）进行访谈； 与渔业共同管理合作伙伴进行专题小组讨论； 对重要信息提供者和利益相关者进行访谈						
I.1.4.2	指标：在对渔业共同管理感兴趣的不同规模和不同利益相关者之间共享决策权	审查渔业共同管理委员会的成员资格以及成员参与和代表性方面的规则； 对重要信息提供者和利益相关者进行访谈						
I.2	渔业共同管理系统（内部因素）							
I.2.A	问责制和透明度							
I.2.A.1	良好实践：明确界定成员资格和权利，明确界定个体渔民、家庭或公司在有界捕捞区捕捞、参与管理和成为组织成员的权利							

（续）

编号	良好实践和指标	衡量指标的方法实例	评分（存在良好实践）				评论（说明）	数据收集方法和来源
			存在	部分存在	不存在	不适用		
I.2.A.1.1	指标：渔业共同管理文件中商定并明确规定捕捞权、参与管理和成为相关组织成员的权利	审查渔业共同管理文件；访谈重要信息提供者；与专业渔民组织代表就渔业共同管理各方遵守规章制度的情况进行协商						
I.2.A.2	良好实践：冲突管理机制，存在解决冲突的机制							
I.2.A.2.1	指标：冲突管理机制到位、发挥作用并记录在案	审查渔业共同管理文件；访谈重要信息提供者；与专业渔民组织的代表进行协商						
I.2.A.2.2	指标：以可持续的方式解决不同资源使用者群体（利益相关者）之间的冲突	审查事件报告以及向警方、社区领导或其他处理冲突的机构提出的投诉；与冲突各方当面协商（如果有）						
I.2.A.3	良好实践：问责制，以公平、公开和透明的方式进行渔业共同管理							
I.2.A.3.1	指标：合作机构的决策和领导作用管理制度透明，并记录在委员会会议记录中，供所有渔业共同管理参与者查阅	审查渔业共同管理委员会会议记录；问卷调查（看法）						
I.2.A.3.2	指标：有一个代表资源使用者（使用者群体）的民选管理委员会	审查渔业共同管理委员会成员的选举规程						
I.2.A.4	良好实践：领导，有一个具有创业技能、积极性高、合法并受人尊敬的地方领导者							
I.2.A.4.1	指标：由当地人选出的具有创业技能的合格的当地领导者领导整体的渔业共同管理行动	审查渔业共同管理委员会成员的选举规程						

（续）

编号	良好实践和指标	衡量指标的方法实例	评分（存在良好实践）				评论（说明）	数据收集方法和来源
			存在	部分存在	不存在	不适用		
I.2.A.4.2	指标：为了可持续渔业和社区生计，一名合格的地方领导者与资源使用者（使用者群体）适当合作	问卷调查（看法）；专题小组讨论；观察						
I.2.B	可行性和成效							
I.2.B.1	良好实践：适当的规模，规模可以不同，但应该与该地区的生态、人口和管理水平相适应							
I.2.B.1.1	指标：渔业共同管理的规模和范围已经通过利益相关者参与的方式商定	审查渔业共同管理文件；问卷调查（看法）						
I.2.B.2	良好实践：明确界定渔业共同管理系统的边界，明确渔业共同管理区域的边界，以便渔民准确了解这些边界							
I.2.B.2.1	指标：渔业共同管理的渔业边界已经划定（如果是空间界定的区域）或在渔业共同管理协议中作了其他明确说明	审查渔业共同管理文件；观察或拍摄标记；审查与分界程序有关的文件；渔业共同管理机构正式认可并纳入渔业共同管理协议的（基于地理信息系统）地图；划定的渔业共同管理捕捞区与禁渔区（如保护区、航行路线、育苗场等）保持一致						
I.2.B.3	良好实践：定期互动，渔业共同管理合作方定期举行积极的参与性会议，作为讨论、分享权利和建立信任的论坛							
I.2.B.3.1	指标：渔业共同管理参与者定期举行积极的参与性会议	审查渔业共同管理会议记录；问卷调查（看法）；观察会议						
I.2.B.3.2	指标：男女均有代表出席会议，且均积极参与会议	审查渔业共同管理会议记录；问卷调查（看法）；观察会议						

（续）

编号	良好实践和指标	衡量指标的方法实例	评分（存在良好实践）				评论（说明）	数据收集方法和来源
			存在	部分存在	不存在	不适用		
I.2.B.4	良好实践：充足的财政资源（预算），存在财政可持续发展机制							
I.2.B.4.1	指标：至少一年的资金有保障	审查账目和与出资者的协议						
I.2.B.4.2	指标：有预算和确定的资金来源	审查财务记录和报告						
I.2.B.5	良好实践：渔业共同管理计划，资源使用者（渔业共同管理参与者）通过参与机制制定并同意渔业共同管理计划							
I.2.B.5.1	指标：有渔业共同管理计划，其中包含关键条款和明确的目标和目的	审查渔业共同管理计划						
I.2.B.5.2	指标：在不同利益相关者的充分参与下制定渔业共同管理计划	记录渔业共同管理计划的制定过程；看法调查；对重要信息提供者的访谈；利益相关者专题小组讨论						
I.2.B.5.3	指标：渔业共同管理计划已被翻译成利益相关者的母语	审查渔业共同管理计划						
I.2.B.5.4	指标：渔业共同管理计划充分满足性别平等需求，反映社区（社会）观点的多样性	审查渔业共同管理计划；采访重要信息提供者						
I.2.B.6	良好实践：从一系列明确界定的问题出发，制定清晰的目标和目的，目标和目的清晰简单，可引导渔业共同管理的方向							
I.2.B.6.1	指标：渔业共同管理计划中定义了明确而简单的目标（目的）和指标	审查渔业共同管理计划；分析目标在多大程度上符合 SMART（明确性、衡量性、可实现性、相关性、时限性）原则						

（续）

编号	良好实践和指标	衡量指标的方法实例	评分（存在良好实践）				评论（说明）	数据收集方法和来源
			存在	部分存在	不存在	不适用		
I.2.B.7	良好实践：对资源的了解，利益相关者对资源有很好的了解，传统知识得到认可							
I.2.B.7.1	指标：利益相关者对资源有很好的了解	问卷调查；专题小组讨论						
I.2.B.7.2	指标：在管理决策中明确考虑传统知识	审查讨论文件；专题小组讨论						
I.2.B.7.3	指标：参与式研究正在发展（已发展）	研究综述以确定是否以利益相关者参与的方式进行研究						
I.2.B.8	良好实践：监测和评估，参与、指标、目标和基线							
I.2.B.8.1	指标：以参与式方式进行持续监测和评估	问卷调查（看法）；审查监测和评估报告及会议记录；对重要信息提供者进行访谈						
I.2.B.8.2	指标：渔业共同管理计划中的监测和评估计划确定了指标、目标和基线	审查渔业共同管理计划						
I.2.B.8.3	指标：渔业共同管理委员会根据对现有监测和评估结果的分析和决策作出的改变（调整）数目	审查渔业共同管理委员会的会议记录						
I.2.B.9	良好实践：适应性管理，注重在实践中系统学习							
I.2.B.9.1	指标：根据监测和评估结果调整渔业共同管理	审查渔业共同管理计划和委员会会议记录；审查监测和评估报告						
I.2.B.10	良好实践：互利联盟和网络，不同资源使用者群体和利益相关者之间的交流和联系							
I.2.B.10.1	指标：不同资源使用者群体（利益相关者）之间的社交网络和联盟已经建立并发挥作用	审查注册组织及其成员；对利益相关者的组织成员资格进行问卷调查；渔业共同管理者（资源使用者）群体和利益相关者之间的专题小组讨论						

（续）

编号	良好实践和指标	衡量指标的方法实例	评分（存在良好实践）				评论（说明）	数据收集方法和来源
			存在	部分存在	不存在	不适用		
I.2.B.10.2	指标：在不同利益相关者群体之间共享经验教训	专题小组讨论；问卷调查（看法）						
I.2.C	参与和公平							
I.2.C.1	良好实践：受影响者的参与，受渔业共同管理安排影响的大多数人都被纳入对安排作出决策并能对安排进行修改的小组							
I.2.C.1.1	指标：渔业共同管理委员会包括受渔业共同管理安排和决策影响的利益相关者	对照利益相关者分析（在步骤 1 中进行），审查渔业共同管理委员会成员；与局外人（被排除在外的利益相关者群体）进行专题小组讨论；审查旨在扩大渔业共同管理组织成员的机制						
I.2.C.1.2	指标：渔业共同管理参与者和委员会成员在决策前先获得信息	专题小组讨论；审查沟通机制和会议记录						
I.2.C.2	良好实践：群体（社会）凝聚力，资源使用者之间在亲属关系、规范、信任、渔具类型等方面具有相似特征							
I.2.C.2.1	指标：渔业共同管理参与者相互信任	问卷调查（看法）；与重要信息提供者面谈						
I.2.C.2.2	指标：渔业共同管理委员会成员代表资源使用者（共同管理参与者）的种族、宗教等	审查渔业共同管理委员会成员；审查选举（甄选）机制；审查有关社会包容和公平代表性的渔业共同管理协议						
I.2.C.2.3	指标：渔业共同管理系统运作良好，并共同决策	审查渔业共同管理会议记录						

（续）

编号	良好实践和指标	衡量指标的方法实例	评分（存在良好实践）				评论（说明）	数据收集方法和来源
			存在	部分存在	不存在	不适用		
I.2.C.3	良好实践：赋权、能力建设和社会准备，为个人和资源使用者群体赋权的行动以及培养积极参与渔业共同管理的技能							
I.2.C.3.1	指标：有积极的技能发展方案，以加强渔民参与社区层面渔业共同管理行动的能力建设	审查行动计划，审查培训（技能）发展计划；审查培训需求评估（如果有）						
I.2.C.3.2	指标：参与者对渔业共同管理系统的目的和运作有基本了解	问卷调查						
I.2.C.4	良好实践：协调，政府与资源使用者之间的合作论坛（会议或大会）							
I.2.C.4.1	指标：政府和资源使用者的协调与合作论坛开始运作	审查体制制度和会议记录；审查现有的横向和纵向协调机制						
I.2.C.4.2	指标：政府与资源使用者定期举行会议	审查会议记录；审查现有的横向和纵向协调机制						
I.2.C.5	良好实践：社区组织，存在合法的（当地人承认的）社区或人民组织，在决策中代表资源使用者和其他利益相关者							
I.2.C.5.1	指标：代表资源使用者和其他利益相关者参与决策的合法组织（当地人承认的）已经建立	审查体制制度和会议记录；问卷调查（看法）；审查与组织成立有关的正式文件（批准文件）						
I.2.C.5.2	指标：代表资源使用者和其他利益相关者参与决策的合法（政府承认的）组织已经到位	审查体制制度和会议记录；问卷调查（看法）；审查与组织成立有关的正式文件（批准文件）						
I.2.C.6	良好实践：公平，不同资源使用者之间以及不同资源使用者群体之间享有平等机会和公平的捕捞机会							

（续）

编号	良好实践和指标	衡量指标的方法实例	评分（存在良好实践）				评论（说明）	数据收集方法和来源
			存在	部分存在	不存在	不适用		
I.2.C.6.1	指标：不同资源使用者群体有平等的机会参与渔业共同管理系统并从中受益	问卷调查；专题小组讨论（看法）；与被排除在外的（未参与的）资源使用者（群体）进行专题小组讨论						
I.2.C.7	良好实践：包容性，承认不同资源使用者和社区成员，包括青年、女性、原住民和与渔业未来有利害关系的其他人，并让他们参与进来							
I.2.C.7.1	指标：包括青年、女性和原住民在内的不同合法资源使用者群体得到承认，作为渔业共同管理的利益相关者拥有平等机会参与渔业共同管理安排	问卷调查；专题小组讨论；问卷调查（看法）；与被排除在外的（未参与的）资源使用者（群体）进行专题小组讨论						
I.2.D	法律规则							
I.2.D.1	良好实践：一致性，规则的规模和范围适合当地条件							
I.2.D.1.1	指标：有渔业管理规则和条例	审查渔业共同管理计划						
I.2.D.1.2	指标：规则和条例的规模和范围符合当地条件，并以参与的方式得到明确界定	审查渔业共同管理计划；专题小组讨论						
I.2.D.2	良好实践：执行管理规则，由当地资源使用者设计、执行和控制的强有力的运行规则所实施的自我惩罚系统							
I.2.D.2.1	指标：资源使用者（渔业共同管理参与者）设计了惩罚的自我执行制度	审查有关执行系统的文件；联络小组讨论；审查制裁违规行为的机制，并让主管机构积极参与这一过程						

（续）

编号	良好实践和指标	衡量指标的方法实例	评分（存在良好实践）				评论（说明）	数据收集方法和来源
			存在	部分存在	不存在	不适用		
I.2.D.2.2	指标：建立并运行积极的巡逻和执法机制	审查有关执行系统的文件；联络小组讨论；审查常规性巡逻的有效性（规律性）						
I.2.D.3	良好实践：分级制裁，制裁随违法行为数量或严重程度的增加而增加							
I.2.D.3.1	指标：制裁与违法行为的数量或严重程度成比例	审查制裁文件；问卷调查（看法）						
I.3	个人和家庭层面							
I.3.1	良好实践：个人激励制度，促使个人参与渔业共同管理的个人激励制度（经济、社会、政治）。							
I.3.1.1	指标：个人有参与渔业共同管理的动机（经济、社会、政治），并自愿遵守渔业共同管理规则和决定	问卷调查（看法）；专题小组讨论；与重要信息提供者面谈；与被排除在外的（未参与的）资源使用者群体进行专题小组讨论						
I.3.1.2	指标：政府激励个人和利益相关群体积极参与渔业共同管理	审查政府计划；问卷调查；对政府重要信息提供者的访谈						

附录 2　渔业共同管理计划目标和目的达成度评估

　　渔业共同管理计划的评估以指标为基础，评估渔业共同管理成效以及渔业共同管理计划中所述的目标和目的的达成度。对于渔业共同管理计划的评估，有四组指标（社会、经济、生态和治理）需要评估，与渔业共同管理计划中的四类目标和目的相关联。四组指标中的每一组都被用于衡量渔业共同管理系统在实现其目标和目的方面的成效：社会指标包括公平、问责和可持续性等；经济指标包括效率和经济发展等；生态指标包括渔获物、恢复力、生物多样性和生物可持续性等；管理指标包括组织、规则、社交网络和参与等。

　　有数以百计的潜在指标可用于渔业共同管理计划评估。清单中的指标并不是强制性的，它们仅是推荐或建议的评估指标。该指标清单并非完全详尽（闭合），以避免忽略渔业共同管理计划的具体目标。没有哪一组指标能适用于或适合所有渔业共同管理计划，或必须用于评估。鼓励《指南》使用者制定更适用和更适合渔业共同管理计划评估的其他指标。

　　如上文步骤 3 所述，将评估表用于指导数据收集、数据评估和指标分析，以评估渔业共同管理计划（附表 2-1）。

附表 2-1　渔业共同管理计划目标和目的达成度评估表

渔业共同管理系统名称：_____

编号	目标和指标类型	衡量指标的方法实例	评分（达成度）				评论（说明）	数据收集方法和来源
			完全实现	部分实现	未实现	不适用		
II.1	社会目标和目的（实例：公平分配渔业利益；最大限度地提高管理与当地文化的兼容性；增强环境意识和知识）							
II.1.1	指标：渔业共同管理方法和措施代表不同利益相关者的利益，并兼顾了利益的多样性	审查管理计划文件；问卷调查（看法）；与利益相关者群体进行专题小组讨论						

（续）

编号	目标和指标类型	衡量指标的方法实例	评分（达成度）				评论（说明）	数据收集方法和来源
			完全实现	部分实现	未实现	不适用		
II.1.2	指标：公平管理，代表利益相关者的各种利益，并兼顾这些利益的多样性	问卷调查（看法）；与利益相关者群体进行专题小组讨论						
II.1.3	指标：原住民和地方知识在渔业共同管理计划中得到明确体现	审查管理计划文件；问卷调查（看法）；访谈重要信息提供者（未参与的或被排除在外的或少数群体资源使用者）						
II.1.4	指标：不同利益相关者群体支持渔业共同管理	对在利益相关者分析（在步骤1中进行）中确定的利益相关者群体进行问卷调查（看法）；与利益相关者群体进行专题小组讨论						
II.1.5	指标：性别、青年和种族方面的多样性已被渔业共同管理委员会充分考虑	审查渔业共同管理委员会的组成以及不同成员的作用（权利）；审查甄选（选举）机制；对来自不同资源使用者群体的重要信息提供者进行访谈						
II.1.6	指标：权属和使用权得到公平分配	审查政府协议和使用权安排；对价值链上的不同资源使用者进行问卷调查（看法）						
II.1.7	指标：社会学习（集体知识、共同价值观）得到加强	问卷调查；专题小组讨论（需要有一个基线与之比较，可以是以前的评估或调查，也可以要求受访者与他们记忆中的情况进行比较）						

（续）

编号	目标和指标类型	衡量指标的方法实例	评分（达成度）				评论（说明）	数据收集方法和来源
			完全实现	部分实现	未实现	不适用		
II.1.8	指标：当地有关海洋资源的价值观和理念得到加强	问卷调查；专题小组讨论（需要有一个基线与之比较，可以是以前的评估或调查，也可以要求受访者与他们记忆中的情况进行比较）						
II.1.9	指标：渔业共同管理为利益相关者带来社会效益	针对不同利益相关者群体（包括女性、青年、弱势群体）的问卷调查（看法）						
II.2	经济目标和目的（实例：生计得以加强或维持；粮食安全和营养得以加强或维持；收入得以增加）							
II.2.1	指标：在家庭（社区、市场）层面，海鲜的供应和获取有所增加	观察；协调小组讨论（需要有一个基线与之比较，可以是以前的基线，也可以是现在的基线评估或调查，或要求受访者与他们记忆中的情况进行比较）						
II.2.2	指标：运营和维护渔业共同管理安排的收益超过成本	基于渔业共同管理账户的财务分析						
II.2.3	指标：利益相关者有动力支持渔业共同管理	问卷调查（看法）；专题小组讨论						
II.2.4	指标：渔业共同管理使利益相关者在经济上受益	问卷调查；与利益相关者进行专题小组讨论，汇总各组数据（捕捞渔业渔民、固定网具操作者、水产养殖户）						

（续）

编号	目标和指标类型	衡量指标的方法实例	评分（达成度）				评论（说明）	数据收集方法和来源
			完全实现	部分实现	未实现	不适用		
II.2.5	指标：渔业共同管理的渔业或区域的渔获量总体上有所提高	渔获量和上岸量数据调查；专题小组讨论（需要一个基线与之比较，可以是以前的评估或调查，也可以是要求受访者与他们记忆中的情况进行比较）						
II.2.6	指标：渔业共同管理参与者拥有更高水平的物质生活方式（住房、家庭用品等）	专题小组讨论；问卷调查（需要一个基线来进行比较，可以是以前的评估或调查，也可以是要求受访者与他们记忆中的情况进行比较）						
II.2.7	指标：渔业共同管理参与者的病假天数	专题小组讨论；问卷调查（需要一个基线来进行比较，可以是以前的评估或调查，也可以是要求受访者与他们记忆中的情况进行比较）						
II.2.8	指标：男女收入（福利）分配公平	专题小组讨论；问卷调查（需要一个基线来进行比较，可以是以前的评估或调查，也可以是要求受访者与他们记忆中的情况进行比较）						
II.3	生态目标和目的（实例：以可持续水平开发渔业资源；有弹性的生态系统确保为当地社区提供多种服务；重要的鱼类栖息地得到很好的保护）							
II.3.1	指标：重点物种数量丰富	观察结果（需要有一个基线与之比较，可以是以前的评估或调查，也可以是要求受访者与他们记忆中的情况进行比较）						

（续）

编号	目标和指标类型	衡量指标的方法实例	评分（达成度）				评论（说明）	数据收集方法和来源
			完全实现	部分实现	未实现	不适用		
II.3.2	指标：渔业共同管理的渔业或区域的渔获量总体上有所提高	渔获量和上岸量数据调查； 专题小组讨论（需要有一个基线与之比较，可以是以前的评估或调查，也可以要求受访者与他们记忆中的情况进行比较）						
II.3.3	指标：以前遭到破坏的生境出现恢复迹象	观察结果（需要有一个基线与之比较，可以是以前的评估或调查，也可以是要求受访者与他们记忆中的情况进行比较）						
II.3.4	指标：渔业管理的管理措施适当且可操作	审查渔业共同管理计划（渔业管理计划）； 专题小组讨论； 通过访谈政府（管理层）和执行（管理）委员会的重要信息提供者，审查渔业共同管理运作过程						
II.3.5	指标：渔业生态系统方法是渔业管理计划的组成部分	审查渔业共同管理计划（渔业管理计划）						
II.3.6	指标：资源使用者（渔业共同管理参与者）在监测签署条例的遵守情况方面发挥积极作用	审查遵守（执行）安排（渔业共同管理计划中的文件、现有体制制度）； 通过对政府（管理层）和执行（管理）委员会的重要信息提供者进行访谈，审查渔业共同管理运作过程						
II.4	管理目标和目的（实例：维持有效的渔业共同管理制度和战略；确保利益相关者的有效参与和代表性；管理和减少资源使用冲突）							

（续）

编号	目标和指标类型	衡量指标的方法实例	评分（达成度）				评论（说明）	数据收集方法和来源
			完全实现	部分实现	未实现	不适用		
II.4.1	指标：建立有效的渔业共同管理机构（委员会、行政小组）和相关重要结构（专业组织），并使其发挥作用	审查渔业共同管理文件（会议记录等）；专题小组讨论；问卷调查（看法）						
II.4.2	指标：有渔业共同管理计划，其中包含关键条款和明确目标和目的	审查渔业共同管理计划						
II.4.3	指标：利益相关者对管理系统的认可程度提高	专题小组讨论；问卷调查（看法）						
II.4.4	指标：决策对所有利益相关者透明，决策者接受问责	专题小组讨论；问卷调查（看法）						
II.4.5	指标：所有主要利益相关者都有权利并有能力积极参与决策	专题小组讨论；问卷调查（看法）						
II.4.6	指标：冲突管理机制到位并记录在案	审查渔业共同管理文件；分析正式与非正式机制、传统与法律（现代）机制						
II.4.7	指标：冲突管理机制有助于减少不同资源使用者群体（利益相关者）之间的冲突数量	审查事件报告、向警方、社区领导者提交的投诉或其他冲突处理事件；冲突频率（数量）和类型分析						
II.4.8	指标：资源使用者（渔业共同管理参与者）设计了惩罚的自我执行制度	审查关于执法系统的文件；联络小组讨论						

（续）

编号	目标和指标类型	衡量指标的方法实例	评分（达成度）				评论（说明）	数据收集方法和来源
			完全实现	部分实现	未实现	不适用		
II.4.9	指标：不同资源使用者群体（利益相关者）之间的网络和联盟已经建立并发挥作用	审查注册组织及其成员；对利益相关者的组织成员资格进行问卷调查						
II.4.10	指标：包括青年、女性和原住民在内的不同合法资源使用者群体被视为渔业共同管理的利益相关者，并有平等机会参与渔业共同管理安排	问卷调查；专题小组讨论；问卷调查（看法）						
II.4.11	指标：有规范渔业共同管理的正式法律框架	审查立法；问卷调查（看法）						

附录 3　分析框架

　　20 世纪 80 年代初，印第安纳大学文森特和埃莉诺·奥斯特罗姆政治理论与政策分析研讨会制定了制度分析与发展框架（Ostrom，1990；McGinnis，2000，2011；Ostrom，2005，2011；Poteete 等，2010）。制度分析与发展框架允许对"行动情境"的基本要素进行识别和研究，在这一情境中，行动者（单独行动或作为正式组织的代理人）互动，从而共同影响结果。行动者试图为自己和社区实现目标，但这是在无处不在的社会困境和生物物理限制以及认知局限和文化倾向的背景下实现的（McGinnis 和 Ostrom，2014）。

　　制度分析的重点是规则如何与各种背景变量相结合，从而构建行动情境并产生特定类型的结果。分析首先要确定影响行动情境的变量，比如，生物物理、技术、市场、社会文化、经济和政治属性和条件，以及资源使用者和资源的状态。这些变量构成了资源使用者、其他利益相关者和主管机构进行协调与合作以建立机构和组织来治理、管理和使用资源的背景。

　　在分析机构安排时，基本策略是分离和剖析行动情境的各个部分（即背景变量、激励因素、互动模式和结果）（附图 3-1），目的是研究各部分之间的关系。框架内的每个部分都与其他部分存在因果关系，有些关系较强，有些关系较弱，这取决于人类选择在这种关系中的参与程度。生物属性、物理属性和技术属性会对结果产生直接影响，例如，无论机构安排是否到位，高水平的捕捞量都会导致资源的过度开发。另外，机构安排对结果有间接影响，因为它们会导致人类行为和选择的变化，从而影响互动和结果（Oakerson，1992）。可以根据具体情况对这些部分的不同组合关系进行研究，这些关系可以向前或向后分析，这取决于我们是将该框架用作评估、诊断工具还是设计工具。而且，关于这些关系的显性和隐性假设有助于构建和指导分析。

　　在对行动情境进行短期分析时，假定背景变量是不变的。长期来看，这些变量会发生变化。产量可能增加，渔具类型可能改变，日常规则可能调整。可以在框架中引入动态元素。一种方法是将机构变化视为外部因素，目的只是了解资源属性或机构安排的一系列变化如何影响互动模式和结果。另一种方法是以迭代和因果的方式研究属性和机构安排之间的长期关系。例如，结果可能会

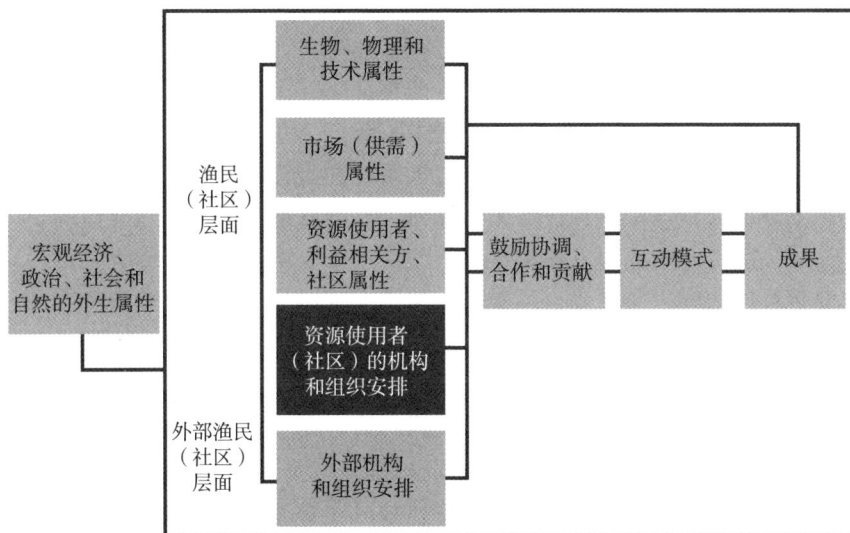

附图 3-1　制度分析与发展框架

资料来源：国际水生生物资源管理中心（ICLARM）和渔业管理与沿海社区发展研究所（IFM），1998。渔业及相关沿海资源共同管理安排的分析：研究框架。马尼拉和丹麦，ICLARM 和 IFM。

影响互动模式，从而影响资源使用者的学习过程；反过来，个人也会因此改变策略。可以通过框架追踪这些关系，以确定导致战略改变的因素（Oakerson，1992）。

通过该框架可以进行以下分析：

（1）机构安排分析

这一部分将表征资源（生物、物理）和资源使用者（技术、市场、社会、文化、经济、政治）关键属性的背景变量与管理机构安排（权利和规则）联系起来。每个背景变量都由多个属性组成。在背景变量、机构安排（《指南》分析重点）和由此产生的交互（行动）情境之间存在因果关系。机构安排和背景变量影响资源使用者和渔业管理主管机构的行动，形成他们在资源控制、管理和使用方面进行协调与合作的激励和抑制因素，然而这些激励因素反过来又塑造了渔业共同管理伙伴之间的互动模式和行为模式，即建立的渔业共同管理安排的类型及其运作方式。

（2）渔业共同管理成效分析

渔业共同管理安排产生结果。这些结果反过来又会影响背景变量以及资源使用者、其他利益相关者和主管机构的行为。时间是一个关键因素：随着时间的推移，所有背景变量都会发生变化，这可能导致机构安排发生变化，进而影响激励措施、互动模式和结果。渔业共同管理机构安排的成果可从管理效率、公平性和资源利用的可持续性等方面进行评估。

（3）成功的渔业共同管理机构安排的特征

《指南》最主要明确哪些条件和过程会带来成功、长期的渔业共同管理安排。通过分析，我们可以确定一系列有关条件和过程的原则和命题。

制度分析与发展框架旨在应用于任何类型的政策情境，在这些情境中，个人和社区会制定新的政策以作为解决不断变化的政策问题的部分方案。当应用于资源管理问题时，制度分析与发展框架内的自然倾向是将资源系统的动态视为一种占据主导的外部力量，也就是说，是环境变化的驱动力，而不是在这些环境中制定政策的参与者可以直接控制的东西。这种将自然过程作为驱动力，而将政策过程作为核心分析关注点的实践，使得综合评估框架似乎与复杂耦合的人类-自然或社会-生态系统的动态直接相关。

在城市治理、地下水、灌溉系统和森林资源等主题的广泛研究中，制度分析与发展框架已被证明有助于分析复杂的社会系统。国际水生生物资源管理中心（International Centre for Living Aquatic Resources Management，ICLARM）和丹麦渔业管理和沿海社区发展研究所（Institute for Fisheries Management and Coastal Community Development，IFM）实施的全球渔业共同管理项目首次将制度分析与发展框架应用于渔业（ICLARM 和 IFM，1998）。其目的是提供一个共同的分析框架，以便在个案研究、国家研究和渔业共同管理模式研究之间进行比较。这样就可以对数据进行系统分析，并对促进渔业共同管理取得成功的条件进行归纳。

社会-生态系统框架

社会-生态系统框架建立在制度分析与发展框架的基础之上，二者关系密切。奥斯特罗姆（Ostrom，2009）的社会生态系统分析框架涉及四个核心系统以及核心系统下的大量变量。奥斯特罗姆框架（Mcginnis 和 Ostrom，2014；Ostrom，2009，2007）提供了一组连贯、稳健的变量，用于分析资源系统的属性、资源单位、使用者和治理系统如何影响相互作用和由此产生的结果（d'Armenegol 等，2018）。

人类使用的所有资源都蕴含在复杂的社会-生态系统中（Berkes 和 Folke，1998；Ostrom，2009）。社会-生态系统由多个子系统和这些子系统内部多层次的内部变量组成。在复杂的社会-生态系统中，资源系统（如沿海渔业）、资源单位（如龙虾）、使用者或行为者（渔民）和治理系统（管理沿海渔业的组织和规则）等子系统是相对独立的，但它们相互作用，产生社会经济系统层面的结果，进而反过来影响这些子系统及其组成部分，以及其他更大或更小的社会-生态系统（Ostrom，2009）。

正如麦金尼斯和奥斯特罗姆（McGinnis 和 Ostrom，2014）所说：社会-生态系统框架最初是为应用于定义相对明确的共用资源管理而设计的，在这种情况下，资源使用者或行为者从资源系统中提取资源单位。资源使用者或行为者还根据整体治理系统确定的规则和过程，在相关生态系统和更广泛的社会政治经济背景下，对资源系统进行维护。开采和维护过程被认为是最重要的互动形式和结果，位于本框架的中心位置（Ostrom，2007，2009）。此处，"资源使用者或行为者从资源系统中提取资源单位"是社会-生态系统框架中的第一级变量。潜在变量或指标被列为第二级变量。更详细的变量或经验指标则位于本体框架的下层。

社会-生态系统框架如附图 3-2 所示（McGinnis 和 Ostrom，2014）。资源系统、资源单位、治理系统和行动者是第一级变量，包含第二级和更低级别的多个变量。行动环境是所有行动发生的地方，通过多方行动者的行动转化为结果。虚线箭头表示从行动环境到每个顶层类别的反馈。环绕图中内部元素的虚线表示，专题社会-生态系统可被视为一个逻辑整体，但来自相关生态系统或社会、经济、政治环境的外来影响可能会影响社会-生态系统的任何组成部分。这些外来影响可能来自比专题社会-生态系统规模更大或更小过程的动态运行。

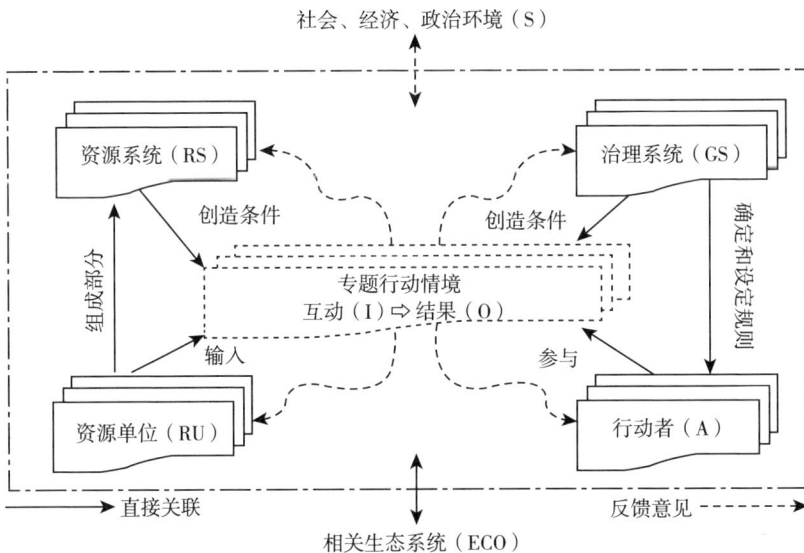

附图 3-2　社会-生态系统框架

资料来源：Mcginnis，M. D. 和 Ostrom，E.，2014。社会-生态系统框架：初步变化和持续挑战。生态与社会，19（2）：30。

麦金尼斯和奥斯特罗姆（McGinnis 和 Ostrom，2014）在奥斯特罗姆（Ostrom，2009）最初提出的一系列二级变量的基础上，提出了一系列新的二级变量，这些变量会影响自我组织实现可持续社会-生态系统的可能性。麦金尼斯和奥斯特罗姆（McGinnis 和 Ostrom，2014）研究列出了这一长串变量，在此不再赘述。

德阿门戈尔等（d'Armengol 等，2018）利用并调整了这一框架，对小规模渔业共同管理进行了研究。他们的分析框架包括：①基本信息；②背景；③渔业共同管理属性；④结果。基本信息包括渔业的关键地理和生态描述。背景指的是资源系统、资源单位、治理系统和使用者。渔业共同管理属性分为五类（包括奥斯特罗姆的互动变量）：渔业共同管理特征、互动和决策、参与、社交网络和适应性管理。结果包括另外四类：生态、过程、社会经济和通用结果，每一类都包含一些小规模渔业共同管理特有的自增变量。他们在分析中排除了奥斯特罗姆框架中涉及相关生态系统和社会、经济、政治环境的两组变量（如气候趋势、经济发展或人口趋势等），因为这些变量与他们的研究无关。具体内容可参见相关研究（d'Armengol 等，2014）。

附录4 渔业共同管理背景相关的属性（任务2.1）

生物、物理和技术属性

1. 生态系统的类型（海洋、内陆、海岸、珊瑚礁、海草、红树林、河口、湖泊、河流、冲积平原等）。

2. 边界（物理边界、行政边界、鱼类资源使用权界线）。

3. 鱼类栖息地（产卵区、育苗区、渔场）的健康状况。

4. 目标鱼种和种群的特征（洄游或定居；种群状况）。

5. 渔业和捕捞作业的特点（工业渔业、手工渔业、使用的捕捞技术、捕捞作业的实际范围、捕捞作业的季节性变化、开发程度）。

6. 渔获物的利用（新鲜、腌制、风干、熏制、发酵、冷冻、罐装等）。

7. 陆地的用途（住宅、零售、工业、旅游等）。

8. 其他相关的渔业共同活动（渔业共同管理安排之外）。

9. 人类对生态系统的其他利用方式。

市场属性

1. 渔业的市场定位（地方、地区、国家、国际市场）。

2. 渔产品的价值（市场价值高或低）。

3. 市场结构（供应商或买方数量，市场主导，供应商和买方之间的权利关系、相互依存关系）。

4. 市场功能（加工、储存、运输）。

5. 市场基础设施（冰、上岸点、批发或零售市场等）。

6. 从渔民到最终消费者的供应链长度。

7. 产品认证计划（如果适用）。

8. 首次销售的性质（强制集中拍卖、渔民直接销售给最终消费者等）。

9. 年平均上岸量。

10. 每千克渔获物的平均价值。

社会经济和社会文化属性

1. 人口统计数据（居民身份、种族、宗教、性别、年龄、教育程度、家庭人口、移民身份）。

2. 渔民、鱼贩、渔产品加工者和其他利益相关者的同质性或异质性（种族、宗教、渔具类型、性别、船只和渔具所有权）。

3. 对渔业（渔产品贸易、渔产品加工）的生计依赖。

4. 生计（职业、收入来源）。

5. 经济状况（资产、财富排名、贫困）。

6. 与渔业管理有关的当地和原住民知识（资源和生境的生态和生物知识、可捕获性和捕捞技术知识）。

7. 影响社区或群体对渔业（渔产品贸易、渔产品加工）的态度并决定个人（群体）行为的文化因素。

8. 资源使用模式（捕捞等陆上和水上活动、活动地点）。

9. 社区基础设施和服务。

10. 与渔业有关的知识、态度和实践水平。

11. 政治派别。

机构和组织安排属性

1. 权力结构和领导力（传统领导结构在渔业内外决策中的作用、功能和重要性，性别）。

2. 建立（指定）作为渔业共同管理伙伴的组织（法律依据、任务、代表、决策系统或程序、执行管理决定或强制执行的机制）。

3. 权属安排。

4. 当地渔业资源准入规则（分配捕捞权或排除群体或个人的原则）。

5. 有关捕捞、渔产品贸易和渔产品加工的操作和集体选择规则及管理措施到位，包括规则的演进。

6. 涉及渔民和其他利益相关者的机构安排和组织结构的合法性；对渔业共同管理的态度。

7. 资源使用者之间的冲突和冲突解决机制。

外部机构和组织安排属性

1. 国家政治和行政体系的整体结构（立法和行政体系之间的关系；中央集权或地方分权）。

2. 渔业部门及其他涉及渔业管理的相关组织结构（国家、省、县等各级的任务和法律依据、结构组织、管理职能和任务）。

3. 渔业共同管理安排的法律依据（授权立法、行政法令、其他）。

4. 渔业部门以外的政府机构，其职责和行动干扰或影响渔业。

5. 渔业社区以外的权力结构，其影响当地权力结构和领导层（如对政治领导者、高级军官或警察局长的影响）。

6. 出资组织在促进（扶持）渔业共同管理安排方面的作用。

7. 非政府组织。

8. 外部多边和跨界协定。

外部（宏观经济、社会、政治、自然）属性

1. 渔业共同管理安排的政治和经济背景［自殖民时代以来政治制度和整体经济发展的变化；影响机构生存的重大事件（如市场自由化）］。

2. 战争/内乱、台风/旋风、地震、洪水等造成的影响机构生存的灾害/灾难。

3. 气候变化。

图书在版编目（CIP）数据

渔业共同管理成效评估指南／联合国粮食及农业组织编著；邹磊磊译. -- 北京：中国农业出版社，2025.6. --（FAO 中文出版计划项目丛书）. -- ISBN 978-7-109-33122-8

Ⅰ. F307. 4-62

中国国家版本馆 CIP 数据核字第 2025C16F45 号

著作权合同登记号：图字 01－2024－6565 号

渔业共同管理成效评估指南
YUYE GONGTONG GUANLI CHENGXIAO PINGGU ZHINAN

中国农业出版社出版

地址：北京市朝阳区麦子店街 18 号楼

邮编：100125

责任编辑：郑　君　　文字编辑：郝小青

版式设计：王　晨　　责任校对：吴丽婷

印刷：北京通州皇家印刷厂

版次：2025 年 6 月第 1 版

印次：2025 年 6 月北京第 1 次印刷

发行：新华书店北京发行所

开本：700mm×1000mm　1/16

印张：5

字数：95 千字

定价：68.00 元
